ことりっぷ co-Trip

Korean

勇気を出して韓国語で話しかけてみましょう。
すこしでも気持ちが伝われば旅はもっと楽しくなります。
いつもよりあたたかい旅を経験してみませんか?

JN026287

会話帖 韓国語を持って…

さあ、話してみましょう

**旅に必要な基本会話から、とっておきの現地情報を聞いたり、
ツウな旅を楽しむためのフレーズや単語を集めました。
さあ、会話を楽しんでみませんか？**

せっかく旅に出たのなら、現地の人とコミュニケーションをとってみましょう。簡単なあいさつでもその土地の言葉で元気よく話しかければ、現地の人も笑顔で応えてくれるはず。

グルメ、ショッピング、エステに観光、韓流スターのイベントでも会話を楽しむシーンはいっぱいです。少しの会話でも、いつもと違った体験ができるかも!? 会話で旅はもっと楽しくなります。

check list

おすすめのマッコリはどれですか？
추천하는 막걸리는 어느거예요 ?
チュチョナヌン　マッコルリヌン　オヌゴエヨ

チゲを１つちょうだい！
찌개를 하나 주세요 !
チゲルル　ハナ　チュセヨ

とってもおいしいです！
매우 맛있어요 !
メウ　マシッソヨ

贈り物に包んでください。
선물용으로 싸주세요 .
ソンムリョンウロ　サジュセヨ

HOW TO
ことりっぷ会話帖
韓国語

ことりっぷ会話帖は、見ためがかわいいだけではなく、内容も盛りだくさん。事前にちょこっとお勉強するのも◎。現地でも使いやすい会話帖をうまく使いこなすコツを教えます。

"カフェで何といえば注文できるの？""化粧水って何ていうの？"などいざという時に困ったことはありませんか？ことりっぷ会話帖は、現地で使いやすいシチュエーション別の構成。その場面に関連したフレーズや単語も充実しています。こんなフレーズほしかったという声にお答えした会話帖です。

使えるポイントはココ

- ◉ シチュエーション別の構成で使いやすい
- ◉ 様々なシーンでの基本フレーズが充実
- ◉ 単語集は和韓が多く、現地でも役立ちます

1 シチュエーション別にアイコンがついています

「グルメ・ショッピング・ビューティ・見どころ・エンタメ・ホテル」は、それぞれジャンル別にアイコンがタイトルの横についているので、探したいフレーズをすぐに見つけることができます。

2 単語が入れ替えてきて使いやすいです

数字や地名など、入れかえるだけで使えます。

> Nソウル・タワーへ行きたいのですが。
> N ソウル タウォエ カゴシプン デヨ.
> I want to go to N Seoul Tower.

3 重要フレーズが探しやすいです

特に重要なフレーズは一目でわかるようになっています。

> スターのグッズをください。
> スタ サンプルル チュセヨ
> Could I have the star goods?

4 相手の言葉もすぐ分かります

現地の人がよく使うフレーズも掲載しています。事前にチェックしておけば、慌てずにすみますね。

> いらっしゃいませ。
> 어서 오세요.
> オソオセヨ
> May I help you?

5 韓国語以外にも英語表記があります

英語の表記も掲載しています。韓国語が通じなかったら英語で試してみましょう。

> おすすめのマッコリはどれですか？
> 추천하는 막걸리는 어느 거예요?
> チュチョナヌン マッコルリヌン オヌ゛コイェヨ ◎
> Which makgoli do you recommend?

楽しく自分好みのファッションを見つけましょう

今、アジアで大注目のコリアンファッションは、かわいくて個性的なセンスが光ります。上手に会話をして自分好みの最新アイテムを見つけましょう。

まずはお店を見つけましょう

デパートはどこにありますか？	백화점은 어디에 있나요? ペッカジョムヌン オディエ インナヨ ◎ Where is the department store?
歩いてそこまで行けますか？	걸어서 갈수 있나요? コロソ カルス インナヨ ◎ Can I go there on foot?
SUGARという店はどこですか？	SUGAR 라는 가게는 어디인가요? SUGAR ラヌン カゲヌン オディインガヨ ◎ Where is the shop called SUGAR?

お店について尋ねましょう

営業時間を教えてください。	영업시간을 알려 주세요. ヨンオプシガヌル アルリョ チュセヨ What are the business hours?
定休日はいつですか？	정기휴일은 언제인가요? チョンギヒュイルン オンジェインガヨ ◎ What days are you close?
店内案内図はありますか？	매장안내도는 있나요? メジャンアンネドヌン インナヨ ◎ Do you have a floor map?
社員賞にはどこに行けばいいですか？	어디에 가면 신발을 살 수 있어요? オディエ カミョン シンバルル サル スイッソヨ ◎ Where should i go to buy shoes?
エレベーター[エスカレーター]はどこですか？	엘리베이터 [에스컬레이터] 는 어디 있어요? エルリベイト [エスコルレイト] ヌン オディ イッソヨ ◎ Where is the elevator[escalator]?
荷物を預かってもらえるところはありますか？	짐을 부탁할 곳은 있습니까? チムル プタカル コスン イッスムニカ ◎ Where is the cloak room?

52

6 対話形式でやりとりも把握できます

実際の対話例を掲載しているので、どのようにやり取りしたらよいかが分かります。

> おばちゃん、こんにちは。
> 아주머니 안녕하세요?
> アジュモニ アンニョンハセヨ ◎

> いらっしゃい。何にする？
> 어서오세요. 무엇을 드시겠어요?
> オソオセヨ ムオスル トゥシゲッソヨ ◎

> 注文は以上です。
> 주문은 이상이에요.
> チュムヌン イサンイエヨ

> ご注文は以上ですか？
> 주문은 이상인가요?
> チュムヌン イサンインガヨ ◎

4

現地の人と
楽しく会話を
楽しもう♪

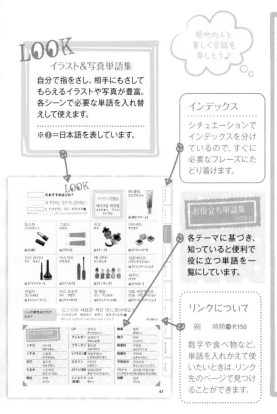

LOOK
イラスト&写真単語集
自分で指をさし、相手にもさして
もらえるイラストや写真が豊富。
各シーンで必要な単語を入れ替
えして使えます。

※**回**＝日本語を表しています。

インデックス
シチュエーションで
インデックスを分け
ているので、すぐに
必要なフレーズにた
どり着けます。

お役立ち単語集 WORD
各テーマに基づき、
知っていると便利で
役に立つ単語を一
覧にしています。

リンクについて
例 時間➡P.150

数字や食べ物など、
単語を入れかえて使
いたいときは、リンク
先のページで見つけ
ることができます。

ことりっぷ会話帖で、積極的に現地の人とコミュニケーションを♪

コツ 1 巻頭のあいさつや
定番フレーズを事前に
覚えよう

簡単なあいさつや基本の
フレーズを覚えておけば
いざというとき便利です。
➡P.14

コツ 2 写真・イラスト単語を
相手に見せて伝えよう

うまく伝わらなかったら
写真やイラストを見せて
自分の意思を
伝えてみましょう。
（例）➡P.32・63・82 など

コツ 3 日本の文化紹介をして
積極的に
コミュニケーションを

海外では日本文化に
興味のある人も多いです。
自分の国について
紹介できれば、
会話もはずみます。
➡P.144

発音・フリガナについて
それぞれのフレーズ、単語にはカタカナ表記を付けて
います。そのまま読めば、現地のことばに近い音にな
るように工夫してありますので、積極的に声に出して
みてください。**回**がある疑問文のフレーズは、尻上が
りに読めばOKです。

●韓国語の発音って？
韓国語の母音は日本語より数が多く、エ・オ・ウにあ
たる母音が2種類ずつあります。ただ若い年代では

使用しない発音もあります。
子音には、日本の濁音、半濁音とはまったく違う「平音」
「激音」「濃音」の分類があります。具体的には「平音」
は日本語と似ていて、そのままカタカナで発音しても
大丈夫です。「激音」とは息を出して発音する有気音
のこと。「濃音」は逆に息がもれず、かん高い音です。
また、韓国語ではひとつの音節に子音が複数含まれ
る場合があります。「子音＋母音」の次に、さらに子音
が組み合わさる場合があり、その最後の子音を「パッ
チム」と呼びます。韓国語文法は➡P.152へ

ことりっぷ co-Trip 会話帖

韓国語

Contents

シチュエーション別の会話は、

🍴 グルメ
🛍 ショッピング
💅 ビューティ
📷 見どころ
🎭 エンタメ
🛏 ホテル

の6つのジャンルで紹介しています。

コラム

Korean

韓国ってこんなところです

韓国の正式名称は「大韓民国」です。首都ソウルをはじめ、たくさんの見どころがある韓国。ここでは、韓国の基本情報や地理を紹介します。

韓国のきほん

 言葉と文字は？

 韓国語とハングルです

韓国語とハングル文字が使われています。観光客の多い場所では、英語や日本語が通じることも多いです。

Q 通貨は？

 ウォン（W）です

紙幣は1000W、5000W、1万W、5万Wの4種類。硬貨は10W、50W、100W、500Wの4種類が流通。

Q 旅行シーズンは？

A 3〜5月と9・10月がベスト

日本と同じく四季があり、夏は高温多湿で30℃以上の日も多いです。また冬は零下まで下がり、乾燥して雪の降る極寒の日も。季節や訪れる場所に合わせて準備しましょう。

韓国のマナーを知っておきましょう

○目上の人を敬いましょう
食事の席では最年長の人が箸をつけるまで待つのが礼儀。また電車などでは、目上の人やお年寄りを最優先して席を譲るようにしましょう。

○お酒を飲むときの注意
女性は身内以外の男性にお酌はNGです。また目上の人にはお酒は顔を横に向けて飲むのが原則。お酒が残るグラスに注ぎ足すのもマナー違反なんです。

○撮影できない場所があります
保安上の理由から、大統領官邸や軍事施設をはじめ、写真撮影が禁止されている場所が多いので注意。

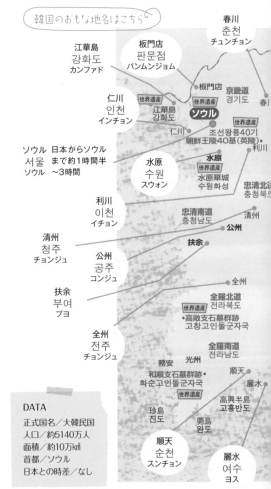

韓国のおもな地名はこちら

春川
춘천
チュンチョン

江華島
강화도
カンファド

板門店
판문점
パンムンジョム

京畿道
경기도

仁川
인천
インチョン

ソウル

江華島
강화도

水原
수원
スウォン

利川
이천
イチョン

清州
청주
チョンジュ

公州
공주
コンジュ

扶余
부여
プヨ

全州
전주
チョンジュ

ソウル　日本からソウル
서울　まで約1時間半
ソウル　〜3時間

朝鮮王陵40基（英陵）

水原華城

忠清北道
충청북도

清州

忠清南道
충청남도

公州

扶余

全州

全羅北道
전라북도
・高敞支石墓群跡
　고창고인돌군자국

全羅南道
전라남도

光州

務安

和順支石墓群跡
화순고인돌군자국

高興半島
고흥반도

珍島
진도

莞島
완도

順天
순천
スンチョン

麗水
여수
ヨス

DATA

正式国名／大韓民国
人口／約5140万人
面積／約10万㎢
首都／ソウル
日本との時差／なし

一山湖水公園
일산호수공원
イルサンホスグォンウォン

雪嶽山
설악산
ソラクサン

龍仁大長今パーク
용인대장금파크
ヨンインテジャングムパク

韓国の鉄道事情

最高時速300kmの高速鉄道KTXなどが
韓国の主要都市を結んでいて、長距離
移動もスムーズ。ソウル～釜山間は
KTXで約2時間半です。

ワンポイント

地名を使って会話してみよう

┌─────────┐
│   │ **に行きたいのですが。**
└─────────┘
┌─────────┐
│   │ 에 가고 싶은데요 .
└─────────┘
┌─────────┐
╎   ╎ エ　カゴ　シプンデヨ
└─────────┘

目的地を伝えるとき
は、地名をはっきり言
いましょう。

束草
속초
ソクチョ

江陵
강릉
カンヌン

束草

江原道
강원도

江陵

大韓民国
대한민국
テハンミングッ

忠州
충주
チュンジュ

忠州

安東
안동
アンドン

|世界遺産|
安東河回村・
〔安〕東하회마을　●安東

大邱
대구
テグ

慶尚北道
경상북도

|世界遺産|
慶州良洞村・
경주양동마을

|世界遺産|
・海印寺　**大邱**
해인사

蔚山

|世界遺産|
〔慶州〕

慶州
경주
キョンジュ

蔚山
울산
ウルサン

出身地はどこですか?

고향은　　어디에요 ?
コヒャンウン　オディエヨ

尚南道
경상남도

昌原

〔釜山〕

巨済島
거제도

釜山　日本から釜山ま
부산　で約1時間～3時
プサン　間で到着。

済州道
제주도

|世界遺産|
済州島 ・

済州島　日本から済州島
제주도　まで約2時間で
チェジュド　到着。

出身は ┌─────┐ **です。**
　　　　　└─────┘
고향은 ┌─────┐ 입니다 .
　　　　└─────┘
コヒャンウン ╎　　　╎ イムニダ
　　　　　　 └─────┘

現地の人とコミュニケーションを取って、
旅にスパイスを加えましょう!

9

ソウルの街はこんな感じです

さまざまな顔をもち、日々変化している韓国の首都・ソウル。
おもな地名を覚えて、街歩きやタクシーに乗る際に活用しましょう。

1 グルメからショッピングまで
なんでもそろう最大の繁華街

明洞・南大門 명동 남대문／ミョンドンナンデムン

おもなスポット

- ロッテ百貨店
  롯데백화점／ロッテペクァジョム
- 新世界百貨店
  신세계백화점／シンセゲペクァジョム
- 明洞聖堂
  명동성당／ミョンドンソンダン
- 南大門市場
  남대문시장／ナムデムンシジャン

2 伝統雑貨店が軒を連ねる
ノスタルジックなエリア

仁寺洞 인사동／インサドン

おもなスポット

- サムジギル
  쌈지길／サムジギル
- 鍾路タワー
  종로타워／チョンノタウォ

3 洗練された街並みは
散策にぴったり

三清洞・北村 삼청동 북촌／サンチョンドンプッチョン

おもなスポット

- 景福宮
  경복궁／キョンボックン
- 三清閣
  삼청각／サンチョンガッ

4 流行に敏感な人たちが
集結する個性派エリア

梨泰院～漢南洞 이태원~한남동／イテクオン~ハムナムドン

おもなスポット

- 美術館
  미술관／ミスルグァン
- カフェ
  카페／カペ

三清洞・北村
鍾路区
仁寺洞
西大門区
京義・中央線
明洞
南大門
弘大
望遠洞
麻浦区
地下鉄3号線
地下鉄5号線
地下鉄1号線
空港鉄道
永登浦区
新林線
地下鉄7号線
地下鉄9号線
漢

ソウル街歩きアドバイス

日本語のパンフレットが多いの
で観光案内所やフリーペーパ
ーなどを活用しましょう

□□□ に行きたいのですが。

□□□ に 行きたいんですけど。

□□□ エ カゴ シプンデヨ

空港や駅などは、

11 流行の先端をいく
ソウルセレブの御用達エリア

狎鴎亭洞
압구정동
アックジョンドン

おもなスポット

- ギャラリア百貨店
  갤러리아 백화점／ゲロリア ペクァジョム
- 狎鴎亭路
  압구정로／アックジョンノ
- 島山公園
  도산공원／トサングォンウォン

すてきな店がひしめく
ソウルの流行を発信するストリート

カロスキル
가로수길／カロスキル

おもな見どころ

- カフェ
  카페／カペ
- セレクトショップ
  셀렉트 숍／セルレットゥ ショッ

9 市場とファッションビルで
オールナイトショッピング

東大門 동대문／トンデムン

おもなスポット

- 斗山タワー
  두산타워／トゥサンタウォ
- 光熙市場
  광희시장／クァンヒシジャン

5 新感覚のショップが集まる
ソウルきってのおしゃれタウン

弘大 홍대／ホンデ

おもな見どころ

- 弘益公園
  홍익공원／ホンイッグォンウォン
- ロケ地　로케지／ロケジ

韓国女子の間で話題
どんどん進化するホットな3エリア

6 익선동
イクソンドン／益善洞

築100年ほどの韓屋が約100軒並び「益善洞韓屋村」と呼ばれる。韓屋を改装したセンスのいい店がオープンし、急成長中。

7 성수동
ソンスドン／聖水洞

もともとは工場や倉庫街だったところに、センスのいい個性的な店が続々誕生。道行く人もどこかおしゃれで、歩くのが楽しい。

8 망원동
マンウォンドン／望遠洞

合井駅の次の駅、望遠駅周辺が2017年頃から突如ブレイク中。ローカルと最旬が融合した独特の雰囲気が注目を集める。

プサンの街はこんな感じです

釜山港を中心に発展した港町、韓国第2の都市プサン。
市場などで地元の人達と会話を楽しむのもいいですね。

〈日本人に人気のエリア〉
1位 남포동(南浦洞)
2位 서면(西面)
3位 해운대(海雲台)

百貨店や大型施設が集まる、
若者に人気の繁華街。
地下鉄の乗り換え駅でアクセスも◎

西面
서면／ソミョン

おもなスポット
- 釜田市場
  부전시장／プジョンシジャン
- 大賢プリモール
  대현프리몰／テヒョンプリモル

釜山港に面したプサンの中心地。
メインストリートの光復路と、
国際市場＆チャガルチ市場をめぐろう

● 金海国際空港
  김해국제공항

南浦洞
남포동／ナンポドン

おもなスポット
- 釜山タワー
  부산타워／プサンタウォ
- チャガルチ市場
  자갈치시장／チャガルチシジャン

その他の 観光スポット WORD

西面市場 서면시장 ソミョンシジャン	**国際市場** 국제시장 クッチェシジャン	**太宗台** 태종대 テジョンデ
民楽タウン 민락회타운 ミンナッフェタウン	**釜山アクアリウム** 부산아쿠아리움 プサンアクアリウム	**映画の殿堂** 영화의전당 ヨンファエジョンダン
釜山鎮市場 부산진시장 プサンジンシジャン	**ビフ広場** 비프광장 ビフグァンジャン	**広安大橋** 광안대교 クァンアンデギョ

プサン街歩きアドバイス

港町ならではの広安里、リゾート気分を味わえる海雲台、ほかにも温泉街や市場など地元を楽しむエリアが多様にあるので地下鉄などをうまく利用すると便利。

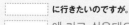

□□□ に行きたいのですが。
□□□ に 가고 싶은데요.
□□□ エ カゴ シブンデヨ

釜山総合バスターミナル
부산종합버스터미널

梵魚寺
범어사

釜井山城
금정산성

洛東江

③ 釜山大学前

虚心庁
허심청

金剛公園
금강공원

⑦ 東萊

忠烈祠
충렬사

西面 ① センタムシティ ⑤ 海雲台 ⑥

荒嶺山
황령산

西面市場
서면시장

④ 広安里

月見の丘
(タルマジコゲ)
달맞이고개

釜山博物館
부산박물관

広安大橋
광안대교

釜山タワー
부산타워

UN記念公園
유엔기념공원

浦洞

水営湾

釜山港
부산항

釜山港国際旅客ターミナル
부산항국제여객터미널

祭市場
제시장

龍頭山公園
용두산공원

釜山湾
부산만

チャガルチ市場
자갈치시장

影島
영도

五六島
오륙도

N

---

⑦ 温泉郷で、東莱パジョンが名物。
梵魚寺へも足をのばして

東萊 동래／トンネ

おもなスポット
- 東莱市場
  동래시장／トンネシジャン
- 金剛公園
  금강공원／クムガンゴンウォン

---

⑥ 韓国有数のリゾート。
美しい海を眺めて、のんびり

海雲台 해운대／ヘウンデ

おもなスポット
- パラダイスホテル釜山
  파라다이스호텔부산／
  パラダイスホテルブサン
- 月見の丘
  달맞이고개／タルマジコゲ

---

⑤ 世界最大のS.C. 新世界百貨店を
擁する、注目の再開発エリア

センタムシティ
Centumcity

おもなスポット
- 新世界百貨店
  신세계백화점／シンセゲベクァジョム
- ロッテ百貨店
  롯데백화점／ロッテベクァジョム

---

③ 釜山大学のお膝元は、
注目のショッピングタウン

釜山大学前
부산대학앞
プサンデハクアプ

おもな見どころ
- 釜山大学
  부산대학／プサンデハッ
- アウトレット通り
  아울렛 거리／アウルレッ コリ
- 路地裏
  골목길／コルモッキル

---

④ 若者でにぎわうナイトスポット。
広安大橋の夜景でお酒を一杯

広安里
광안리／クァンアンリ

おもなスポット
- 水辺公園
  수변공원／スビョンゴンウォン
- ミ・ワールド
  미월드／ミウォルドゥ

13

まずはあいさつから始めましょう

韓国でのコミュニケーションの始まりは、あいさつからです。
まずは基本のあいさつを覚えて、積極的に使うことから始めましょう。

おはよう。／こんにちは。／こんばんは。
안녕하세요 .
アンニョンハ セ ヨ
Good morning./Good afternoon./Good evening.

さようなら。(カジュアル)／さようなら。(丁寧)
안녕 ./안녕히　계십시오 .
アンニョン　アンニョンイ　ゲシッシオ
Bye./Good-bye.

はい。／いいえ。
네 ./아니요 .
ネー　　アニヨ
Yes./No.

よい1日を。
좋은　하루를 보내세요 .
チョウン ハルルル ポネセヨ
Have a nice day.

ありがとう。
감사합니다 .
カムサハムニダ
Thank you.

どういたしまして。
별말씀을요 .
ピョルマルスムルリョ
You are welcome.

またね！／また明日。
다시 봐요 !／내일 봐요 .
タ シ　ポァヨ　　ネイル　ポァヨ
Bye!/See you tomorrow.

基本会話

グルメ

ショッピング

ビューティ

見どころ

エンタメ

ホテル

乗りもの

基本情報

単語集

意思はハッキリ伝えましょう

人に何かたずねられたら、「はい」「いいえ」
をハッキリ言いましょう。明確な意思表示
をしなかったり、あいまいにうなずいたり
するだけでは思わぬトラブルを招きます。

はじめまして。私は<u>スズキサトコ</u>です。
처음　뵙겠습니다.　저는　스즈끼 사토꼬입니다.
チョウム　ブェッケッスムニダ　チョヌン　スズキ　サトコイムニダ
Nice to meet you. I'm Suzuki Satoko.

お目にかかれてうれしいです。
뵙게　되어서　반갑습니다.
ブェッケ　デオソ　バンカッスムニダ
I'm glad to see you.

日本から来たのですか？
일본에서　오셨어요？
イルボネソ　オショソヨ♪
Are you from Japan?

はい、<u>東京</u>から来ました。
예,　도쿄에서　왔습니다.
イェ　トキョエソ　ワッスムニダ
Yes, I'm from Tokyo.

すみません（何かをたずねる）。
저기요.
チョギヨ
Excuse me.

なんでしょうか？
무엇인지요？
ムオシンジヨ♪
Pardon?

15

知っていると便利なフレーズたちを集めました

旅先でよく使う簡単なフレーズを集めました。
これだけで、コミュニケーションの幅がぐっと広がりますよ。

旅行前に覚えておくと
現地で便利だよ。

どのくらいかかりますか?
시간이 얼마나 걸려요?

シガニ　　　オルマナ　　コルリョヨ

How long does it take?

いくらですか?
얼마예요 ?

オルマイェヨ

How much is it?

はい、お願いします。／いいえ、結構です。
예 , 부탁합니다 . ／아니 , 됐어요 .

イェ　プタカムニダ　　　　　　ア ニ　　テッソヨ

Yes, please./No, thank you.

これはなんですか?
이것은 뭔데요 ?

イゴスン　モンデヨ

What is it?

わかりません。
모릅니다 .

モ ルムニ ダ

I don't understand.

知りません。
몰라요 .

モルラ ヨ

I don't know.

もう1回言ってください。
또 한번 말해 주세요 .

ト　　ハンボン マレ　　　チュセヨ

Can you say that again?

16

ゆっくり話してもらえますか?

천천히 말해 줄수 있어요 ?

チョンチョニ マレ チュルス イッソヨ🔊

Could you speak slowly?

おっしゃったことを 書いてもらえますか?

얘기한 말씀을 적어 줄수 있습니까 ?

イェギハン マルスムル チョゴ チュルス イッスムニカ🔊

Could you write down what you said?

日本語[英語]のできる人は いますか?

일본어 [영어]를 하시는 분은 있어요 ?

イルボノ [ヨンオ] ルル ハシヌン ブヌン イッソヨ🔊

Is there anyone who speaks Japanese[English]?

とってもよいです。/ まあまあです。

너무 좋아요 ./그저 그래요 .

ノム チョアヨ クジョグレヨ

It's very good./It's not bad.

いいですよ。/ OK。

좋내요 ./OK .

チョンネヨ オウケイ

Sure./OK.

だめです。

안돼요 .

アンデヨ

No.

ごめんなさい。

미안합 니다 .

ミアナムニダ

I'm sorry.

私です。/あなたです。

저입니다 ./당신입니다 .

チョイムニダ タンシニムニダ

It's me./It's you.

これをください。

이거주세요 .

イ ゴッチュセ ヨ

Can I have this?

いつ?/誰?/どこ?/なぜ?

언제?/누구?/어디?/왜?

オンジェ🔊 ヌグ🔊 オディ🔊 ウェ🔊

When?/Who?/Where?/Why?

17

知っていると便利なフレーズたちを集めました

[_____] ください。

[_____] 주세요.

[_____] チュセヨ

[_____], please.

Point ～주세요. は、要望を相手に伝える表現。[_____] に「物」や「サービス」などを入れて頼みましょう。ほしいものを受け取ったときや、何かしてもらったときには감사합니다. (カムサハムニダ／ありがとう) のひとことを忘れずに。

コーヒー
커피
コピ
coffee

紅茶
홍차
ホンチャ
tea

コーラ
콜라
コルラ
coke

ミネラルウォーター
미네랄 워터
ミネラル　ウォト
mineral water

ビール
맥주
メクチュ
beer

マッコリ
막걸리
マッコルリ
makgoli

牛肉
소고기
ソゴギ
beef

鶏肉
닭고기
タッコギ
chicken

冷麺
냉면
ネンミョン
cold noodle

ピビンパッ
비빔밥
ビビムパッ
bibimbap

メニュー
메뉴
メニュ
menu

地図
지도
チド
map

> お店で活躍するフレーズです。単語をあてはめて使いましょう。

パンフレット
팜플렛
パンプルレッ
brochure

レシート
영수증
ヨンスジュン
receipt

18

基本会話

グルメ

ショッピング

ビューティ

見どころ

エンタメ

ホテル

乗りもの

基本情報

単語集

	してもいいですか?
	도 되나요?
	ド　トゥエナヨ🔈
May I	?

Point　〜도 되나요? は、「〜してもいいですか?」と相手に許可を求める表現。また「〜できますか」とたずねる表現。 に自分がしたいことを入れてたずねます。相手はたいてい네.(ネー/はい)か아니오.(アニヨ/いいえ)で答えてくれます。
*単語は活用 (変化) させて表記しています。

写真を撮る
사진을 찍어
サジヌル　チゴ
take a picture

トイレに行く
화장실에 가
ファジャンシレ　カ
go to a toilet

注文する
주문해
チュムンヘ
order

ここに座る
여기에 앉아
ヨ ギ エ　アンジャ
sit here

窓を開ける
창문을　열어
チャンムヌル　ヨロ
open the window

予約する
예약해
イェヤクヘ
make a reservation

チェックインする
체크인해
チェクインヘ
check in

そこに行く
거기에 가
コ ギ エ　カ
go there

ここにいる
여기에 있어
ヨ ギ エ　イッソ
stay here

電話を使う
전화를 사용해
チョナルル　サヨンヘ
use a phone

あとで電話する
나중에 전화해
ナジュンエ　チョナヘ
call later

クーポンを使う
쿠폰을 사용해
クポヌル　サヨンヘ
use a coupon

徒歩でそこへ行く
걸어서 거기에 가
コロソ　コギエ　カ
walk there

推しに会えたら、「写真を撮ってもいいですか」と聞いてみましょう。

ここで支払う
여기서 지불해
ヨギソ　チブルヘ
pay here

知っていると便利なフレーズたちを集めました

> [　　　　　] **どこですか?**
>
> [　　　　　] **어디에 있나요?**
>
> [　　　　] オディエ　　インナヨ ♪
>
> Where is [　　　　]?

Point
～어디에 있나요? は、「場所」などをたずねる表現。どこかへ行きたいときや、探し物があるときに使います。[　　　　] に「場所」「物」「人」などを入れてたずねればOK。

このレストラン
이 레스토랑
イ　レストラン
this restaurant

トイレ
화장실
ファジャンシル
a restroom

一番近い駅
가장 가까운 역
カジャン カカウン ヨク
the nearest station

きっぷ売り場
매표소
メピョソ
a ticket booth

私の席
제 자리
チェ　チャリ
my seat

地下鉄の駅
지하철역
チハチョルヨク
a subway station

案内所
안내소
アンネソ
an information center

エスカレーター
에스컬레이터
エスコルレイト
an escalator

エレベーター
엘리베이터
エルリベイト
an elevator

階段
계단
ケダン
stairs

カフェ
카페
カペ
a cafe

銀行
은행
ウネン
a bank

> 電話の相手に居場所を聞くときにもそのまま使えます。

郵便局
우체국
ウチェグク
a post office

警察
경찰
キョンチャル
a police station

基本会話
グルメ
ショッピング
ビューティ
見どころ
エンタメ
ホテル
乗りもの
基本情報
単語集

＿＿＿ **ありますか?**

＿＿＿ **은 있어요?**

ウン イッソョ 🎵

Do you have ＿＿＿ ?

> **Point** ～은 있어요? は、「～はありますか?」とたずねる表現。＿＿＿ に「品物」や「料理」などを入れて、店で自分のほしいものを売っているかたずねたり、レストランで注文したりするときなどに使います。

薬
약
ヤッ
medicine

牛乳
우유
ウ ユ
milk

雑誌
잡지
チャプチ
magazine

チョコレート
초콜릿
チョコルリッ
chocolate

変圧器
변압기
ピョナプキ
transformer

地図
지도
チド
maps

ジャム
잼
チェム
jam

ケチャップ
케찹
ケチャプ
ketchup

塩
소금
ソグム
salt

コショウ
후추
フチュ
pepper

紙ナプキン
종이 냅킨
チョンイ ネプキン
paper napkins

電池
건전지
コンジョンジ
batteries

コピー機
복사기
ポクサギ
a copy machine

生理用ナプキンは
생리용냅킨
センニヨン ネプキン
といいます。

はさみ
가위
カウィ
scissors

21

知っていると便利なフレーズたちを集めました

[   ] を探しています。

[   ] 찾고 있어요.

[   ] チャッコ　イッソヨ

I'm looking for [   ].

Point ～찾고 있어요. は、「～を探しています」と相手に伝える表現。「なくした物」、「買いたい物」、「欲しい物」だけでなく、「行きたい場所」などを伝えるときにも使います。

私のさいふ
제 지갑
チェ　チガプ
my wallet

私のパスポート
제 여권
チェ　ヨクォン
my passport

私のカメラ
제 카메라
チェ　カメラ
my camera

トイレ
화장실
ファジャンシル
a restroom

出口
출구
チュルグ
an exit

入口
입구
イプク
an entrance

Tシャツ
티셔츠
ティショツ
T-shirts

靴
신발
シンバル
shoes

かばん
가방
カバン
bags

化粧品
화장품
ファジャンプム
cosmetics

コンビニ
편의점
ピョニジョム
a convenience store

両替所
환전소
ファンジョンソ
a money exchange

「人」を探すときにも使えます。尋ねる前にすみませんという意味のチョギョと声をかけるとより◎です。

本屋
서점
ソジョム
a bookstore

アスピリン
아스피린
アスピリン
an aspirin

基本会話

グルメ

ショッピング

ビューティ

見どころ

エンタメ

ホテル

乗りもの

基本情報

単語集

┌─────────┐
│   │ してくれませんか?
├─────────┤
│   │ 주시겠어요?
├─────────┤
│   │ チュシゲッソヨ 🎵
└─────────┘
Could you ┌─────────┐ ?
          └─────────┘

Point ~주시겠어요?は、「~してくれませんか?」と要望を相手に伝える表現。
┌┄┄┄┄┄┄┄┄┄┄┄┄┄┄┄┄┄┄┐には「相手にしてほしいこと」を入れて使います。

*単語は活用(変化)させて表記しています。

お願いを聞く
부탁을 들어
プタグル トゥロ
do me a favor

助ける・手伝う
도와
トワ
help me

もう一度言う
한번 더 말해
ハンボント マルヘ
say that again

ゆっくり言う
천천히 말해
チョンチョニ マルヘ
speak slowly

今言ったことを書く
지금 말한 것을 적어
チグム マルハン コスル チョゴォ
write down what you said now

タクシーを呼ぶ
택시를 불러
テクシルル プルロ
call me a taxi

道を教える
길을 가르쳐
キルル カルッチョ
show me the way

毛布を持ってくる
담요를 가져다
タムニョルル カジョダ
bring a blanket

医者を呼ぶ
의사를 불러
ウィサルル プルロ
call for a doctor

少し待つ
잠시 기다려
チャムシ キダリョ
wait a minute

探す
찾아
チャジャ
look for it

案内する
안내해
アンネヘ
show me around

荷物を運ぶ
짐을 운반해
チムル ウンバンヘ
carry the luggage

주세요(チュセヨ/~
をください)より、丁
寧な表現になります。

連絡先を教える
연락처를 알려
ヨルラッチョルル アルリョ
tell me your address

23

現地の人に気持ちを伝えてみましょう

韓国語を覚えるのはちょっと大変ですが、感情がすぐに伝わるひとことを事前に覚えておけば、現地で地元の人と早く仲良くなれますよ。

これはスゴイ！と思ったときは…

> 대박！テバッ！
> 最高！

焼肉屋で食べたサムギョプサル。あまりのおいしさに感動！！食堂のおばちゃんに「대박！」と、ひとといえば、笑顔で答えてくれるはず！

応援してるという気持ちを表したいときは…

> 화이팅！ファイティン！
> がんばって！

大好きな韓流スターのイベントに参加。緊張の面持ちでこれからステージに立とうとする彼らに向かって、「화이팅！」。

驚いたときなどは…

> 어머！オモ！
> えー！ など

「今日、グンちゃんに会ったよ」
「어머！」
※女性が使う表現です。
※ちなみに年配の方などが使う「アイゴ！アイゴ〜」とも同じ意味。

イチオシのものを伝えたいときは…

> 강추 カンチュ○○
> 超オススメな●●

ユノが出てるこの映画をオススメしたいときに、「강추영화입니다.カンチュヨンファイムニダ」。（コレがイチオシの映画です！）
※カンチュは「강력추천 カンリョクチュチョン」の略語です。

素敵なヒトを見かけたら…

> 멋있다！モシッタ！
> かっこいい！ステキ！

マッコリバーで働く店員さんに一目ぼれしちゃったときに「멋있다！」と叫ぼう。

ガッカリしたときは…

> 맙소사〜 マプソサ〜
> なんてこった〜

日本にカメラの充電器を忘れてきてしまった！「맙소사〜」

> くだけた言葉を使うときは使う相手に注意！韓国は上下関係には厳しいので、フランクな言い方をするときは注意しましょう。

知ると楽しいハングル略語

「ファミレス」など、日本語の日常会話でもよく使う略語。韓国語の日常で使う略語を紹介します。

얼짱 オルチャン 〈얼굴짱 オルグルチャン〉
→美人・イケメン

불백 ブルベッ 〈불고기 백반 ブルコギベッパン〉
→焼肉定食

メールなどでよく使う擬声語

チャットやメールでよく見る、子音だけのハングルの表現を見つけました。

ㅋㅋㅋ→ククク（「ヨヨヨ」クククという笑い声を略したもの）

ㅎㅎㅎ→ハハハ／ヒヒヒ（「히히히」ハハハ／ヒヒヒ／ホホホという笑い声を略したもの）

韓国に行くのなら独自の習慣を覚えておきましょう

韓国は、年長者を敬う国です。食事の席では最年長の人が箸をつけてから自分も食べるのがマナーです。

日本では「いただきます」「ごちそうさま」を表すこの動作は、韓国ではしません。お祈りみたいだとか。

こんなシーンで
実際に使ってみましょう

旅先ではさまざまなシーンに出くわすでしょう。
おいしい料理を堪能したり、ショッピングでお目当てのアイテムをゲットしたり。
または、道に迷ったり、持ち物をなくしてしまったりすることもあるかもしれません。
よい思い出を倍増させ、いざというときにあなたを助けてくれるのが
現地の人々との会話なんです。
現地の人々と積極的にコミュニケーションを取って、あなたの旅を
より魅力的なものにしましょう。

ビューティ
뷰티
ビュティ

ショッピング
쇼핑
ショピン

エンタメ
엔터테인먼트
エントテインモントゥ

グルメ
구르메（미식）
クルメ

見どころ
볼만한 곳
ボルマナン　コッ

韓国グルメ、おいしく食べるには準備がたいせつです

韓国旅行の楽しみのひとつは、おいしい韓国料理を味わうことですよね。
うわさの人気店でグルメを楽しむには、ぜひ事前に予約を入れましょう。

まずは予約をしましょう

もしもし、
韓食堂ですか？

여보세요 . 한식당입니까 ?
ヨ ボ セ ヨ　ハンシッタンイムニカ 🔊
Hello, is this the Korean restaurant?

お電話ありがとうございます。
韓食堂です。ご用件をうかがいます。

안녕하세요 . 한식당입니다 . 무엇을 도와드릴까요 ?
アンニョンハセヨ　ハンシッタンイムニダ　ムオスル　トワドゥリルカヨ 🔊
Thank you for calling. This is the Korean restaurant. How can I help you?

今晩6時に4名で
予約をお願いします。

오늘 저녁 6시에 4명의 예약을 부탁합니다 .
オヌル　チョニョッ　ヨソッシヘ　ネミョンヘ　イェヤグル　プタカムニダ
I'd like to make a six o'clock reservation for four.

数字 ☞ P.148
時間 ☞ P.150

かしこまりました。
お席を用意しておきます。

알겠습니다 . 자리를 마련해 놓겠습니다 .
アルゲッスムニダ　チャリルル　マリョネ　ノケッスムニダ
We'll have a table ready for you then.

すみません。その
時間はいっぱいです。

죄송합니다 . 그 시간은 만석입니다 .
チェソンハムニダ　ク　シガヌン　マンソギムニダ
I'm sorry. We have no open tables at that time.

何時の席を
予約できますか？

몇 시에 예약이 가능합니까 ?
ミョッ　シヘ　イェヤギ　カヌンハムニカ 🔊
For what time can we reserve a table?

6時30分なら
予約できます。

6시 30분이면 예약할 수 있습니다 .
ヨソッシサムシップニミョン　イェヤカル　ス　イッスムニダ
We can make a reservation at six thirty.

時間 ☞ P.150

お名前を
お願いします。

성함은 어떻게 됩니까 ?
ソンハムン　オトッケ　デムニカ 🔊
Can I have your name, please?

タナカです。

타나카입니다 .
タナカ　イムニダ
I'm Tanaka.

禁煙席 [喫煙席] を
お願いします。

금연석을 [흡연석을] 부탁합니다 .
クミョンソグル [フビョンソグル]　プタカムニダ
Non-smoking [Smoking] table, please.

全員一緒の席に してください。	전원 한상으로 해 주세요 . チョヌォン　ハンサンウロ　ヘ　チュセヨ We'd like to be on the same table.
窓際の席に してください。	창쪽의 자리로 해 주세요 . チャンチョゲ　チャリロ　ヘ　チュセヨ We'd like to have a table near the window.
ドレスコードは ありますか?	드레스 코드는 있습니까 ? トゥレス　コドゥヌン　イッスムニカ ♪ Do you have a dress code?
予約を 変更したいのですが。	예약을 변경하고 싶은데요 . イェヤグル　ビョンギョンハゴ　シブンデヨ I'd like to change the reservation.
予約を取り消したい のですが。	예약을 취소하고 싶은데요 . イェヤグル　チュィソハゴ　シブンデヨ I'd like to cancel the reservation.
予約の時間に 遅れそうです。	예약의 시간에 늦을것 같아요 . イェヤゲ　シガネ　ヌジュルコッ　カタヨ We're running late.

ワンポイント　メニューの読み方

日本語が併記されていたり、写真が載っている場合もありますが、たいていはハングルのみのシンプルな構成です。素材の名前や調理方法 (→P.37) の組み合わせが料理名になっている場合が多いので,自分の好きな食べ物のハングルを覚えて、メニューから探しあてるのも楽しそう。

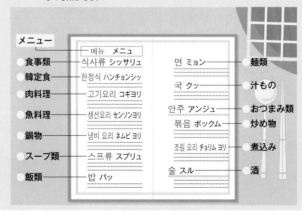

基本会話

グルメ

ショッピング

ビューティ

見どころ

エンタメ

ホテル

乗りもの

基本情報

単語集

27

レストランに入ったら流れはこんな感じです

いよいよお楽しみの食事タイムです。食べたいものが決まったら、さっそくお店にでかけましょう。
楽しく食事を楽しむためにシーン別で使えるフレーズを集めました。

お店に入ります

> いらっしゃいませ。
> 어서 오세요 .
> オソオセヨ

予約している <u>タナカ</u>です。	예약한 타나카입니다 . イェヤカン　タナカイムニダ My name is Tanaka. I have a reservation.
予約していませんが、席はありますか?	예약하지 않았는데요 , 자리 있어요 ? イェヤカジ　アナッヌンデヨ　チャリ　イッソヨ 🔊 I don't have a reservation, but can I get a table?
<u>2</u>人ですが席はありますか?	두 사람인데 자리가 있습니까 ? トゥ　サラミンデ　チャリガ　イッスムニカ 🔊 Do you have a table for two?　　　　数字 ➡ P.148

どのくらい待ちますか?	얼마나 기다립니까 ? オルマナ　キダリムニカ 🔊 How long do we have to wait?
<u>15</u>分ほどです。	15 분 정도입니다 . シボブン　チョンドイムニダ About fifteen minutes.　　　　数字 ➡ P.148

わかりました、待ちます。　　　　またにします。

알겠습니다 . 기다리겠습니다 .　　　다시 오겠습니다 .
アルゲッスムニダ キダリゲッスムニダ　　タシオゲスムニダ
OK, we'll wait.　　　　　　　　　　　We'll come back again.

ここに座ってもいいですか?	여기에 앉아도 돼요 ? ヨギエ　アンジャド　デヨ 🔊 Can I sit here?
メニューを見せてください。	메뉴를 보여 주세요 . メニュルル　ボヨ　チュセヨ Can I see the menu?
日本語のメニュー [写真つきのメニュー] はありますか?	일본어로 된 메뉴는 [사진이 있는 메뉴는] 있습니까 ? イルボノロ　デン　メニュヌン [サジニ　インヌン　メニュヌン]　イッスムニカ 🔊 Do you have a Japanese menu[picture menu]?
名物料理はどれですか?	명물요리는 어느것입니까 ? ミョンムルヨリヌン　オヌゴシムニカ 🔊 Which one is the local food?

基本会話

グルメ

ショッピング

ビューティ

見どころ

エンタメ

ホテル

乗りもの

基本情報

単語集

注文をしましょう

何がおすすめですか?

어느것이 인기있나요 ?
オヌゴシ インキインナヨ 🎵
What do you recommend?

**この<u>プルコギ</u>が
おすすめです。**

이 불고기가 인기있어요 .
イ ブルコギガ インキイッソ
I'll recommend this purukogi.

おなかがすきました〜
배 고파요〜
ペ コパヨ

**辛くないものは
どれですか?**

맵지않은 것은 어느것이에요 .
メッチアヌン コスン オヌゴシエヨ
Which one is the mild dish?

注文をお願いします。

주문하겠습니다 .
チュムナゲッスムニダ
Can I order now?

**<u>海鮮チゲとネギの
チヂミ</u>をください。**

해물 찌개와 파전 주세요 .
ヘムル チゲ ワ パヂョン チュセヨ
I'd like the seafood stew and chijimi pancake with welshonion.

**これを<u>2</u>人前
ください。**

이것을 2인분 주세요 .
イゴスル イインブン チュセヨ
Can we have two of these?

数字 ➡ P.148

**一人前だけ
注文できますか?**

일인분만 주문할 수 있어요 ?
イリンブンマン チュムナル ス イソヨ 🎵
Can I order it for one person?

**あれと同じものを
ください。**

저것과 같은 것으로 주세요 .
チョゴックァ カトゥン コスロ チュセヨ
I want that one.

**あまり辛くしないで
ください。**

별로 맵지 않게 해 주세요 .
ビョルロ メッチ アンケ ヘ チュセヨ
Can you make it mild?

**ひとこと
フレーズ**

いただきます。
잘 먹겠습니다 .
チャル モッケッスムニダ

おいしそう。／おいしいです!
맛있겠다 . ／맛있어요!
マシッケッタ マシッソヨ
- - - - - - - - - - - - - -
取り皿をください。
덜어 먹을 접시를 주세요 .
トロ モグル チョッシルル チュセヨ

トイレはどこですか?
화장실은 어디에 있어요 ?
ファジャンシルン オディエ イッソヨ
- - - - - - - - - - - - - -
ごちそうさまでした。
잘 먹었습니다 .
チャル モゴッスムニダ

29

レストランに入ったら流れはこんな感じです

食事中

すみません、箸がありません。	죄송합니다 . 젓가락이 없습니다 . チェソンハムニダ チョッカラギ オッスムニダ Excuse me, can I have chopsticks?
<u>スプーン</u>を落としました。	숟가락을 떨어뜨렸습니다 . スッカラグル トロトゥリョッスムニダ I dropped my spoon.
<u>キムチ</u>のおかわりをください。	김치를 더 주세요 . キムチルル ト チュセヨ I'd like to have some more kimchi, please.
注文したものがまだです。	주문한 것이 아직 나오지 않았습니다 . チュムナン コシ アジッ ナオジ アナッスムニダ My order hasn't come yet.
これは何ですか?	이것은 뭔데요 ? イゴスン モンデヨ ♪ What is this?
これは注文していません。	이것은 주문하지 않았어요 . イゴスン チュムナジ アナッソヨ I didn't order this.
これはどうやって食べるのですか?	이것은 어떻게 먹어요 ? イゴスン オトッケ モゴヨ ♪ How can I eat this?
（肉や麺などを）切ってください。	잘라 주세요 . チャルラ チュセヨ Can you cut these?
この料理には十分火が通っていないようです。	이 요리는 덜 익은 것 같은데요 . イ ヨリヌン トル イグン ゴッ カトゥンデヨ This dish is rather raw.

まいです
매워요
メウォヨ

基本会話

グルメ

ショッピング

ビューティ

見どころ

エンタメ

ホテル

乗りもの

基本情報

単語集

ここを拭いて もらえますか?	여기를 닦아 주실 수 있어요 ?
	ヨギルル タカ チュシル ス イソヨ🎵
	Could you wipe here, please?

これを下げて ください。	이것을 치워 주세요 .
	イゴスル チウォ チュセヨ
	Could you take this away, please?

おなかいっぱいです。	배가 부릅니다 .
	ペガ プルムニダ
	I'm full.

まだ食べ終わって いません。	아직 다 먹지 않았습니다 .
	アジッ タ モッジ アナッスムニダ
	I haven't finished eating yet.

マッコリ [ビール] は ありますか?	막걸리 [맥주] 는 있어요 ?
	マッコルリ [メッチュ] ヌン イッソヨ🎵
	Do you have a makgoli[beer]?

飲みもの ➡ P.49

お会計をしましょう

会計をお願いします。	계산을 부탁합니다 .
	ケサヌル プタカムニダ
	Check, please.

領収書をきちんとカクニン。間違いがあればお店の人に伝えましょう。

いくらですか?	얼마입니까 ?
	オルマイムニカ🎵
	How much is it?

計算違いが あるようです。	계산이 틀린 것 같은데요 .
	ケサニ トゥルリン コッ カトゥンデヨ
	I think the check is incorrect.

領収書ください。	영수증 주세요 .
	ヨンスジュン チュセヨ
	Can I have a receipt?

支払はクレジットカード [トラベラーズチェック] でもいいですか?	지불은 크레디트 카드 [여행자용 수표] 도 됩니까 ?
	チブルン クレディトゥ カドゥ [ヨヘンジャヨン スピョ] ド テムニカ🎵
	Can I use credit cards[traveler's checks]?

(ホテルで) 部屋の勘定に つけておいてください。	방 값에 추가해 주세요 .
	パン カッセ チュガヘ チュセヨ
	Will you charge it to my room, please?

┌─────────────┐
│   │ ください。
├─────────────┤
│   │ 주세요.
├─────────────┤
│   │ チュセヨ
├─────────────┤
│   │ , please.
└─────────────┘

肉　牛／豚／鶏
고기　소／돼지／닭
コギ　ソ　デジ　タッ
→ P.38

생갈비
センカルビ

❶【生カルビ】

양념갈비
ヤンニョムカルビ

❶【味付カルビ】

불고기
プルコギ

❶【韓国すきやき】

육회
ユッケ

❶【ユッケ】

꽃살
コッサル

❶【霜降り肉】

하라미
ハラミ

❶【ハラミ】

소혀
ソヒョ

❶【牛タン】

대창
デチャン

❶【テッチャン(牛の大腸)】

곱창
コッチャン

❶【コッチャン(牛の小腸)】

삼겹살
サムギョッサル

❶【三枚バラ肉】

보쌈
ボサム

❶【ボッサン(ゆで豚肉)】

족발
チョッパル

❶【豚足の煮物】

등갈비
トゥンカルビ

❶【豚のバックリブ】

돼지갈비
デジカルビ

❶【豚カルビ】

닭갈비
タッカルビ

❶【鶏肉と野菜の炒め物】

통닭
トンダッ

❶【ローストチキン】

찜닭
チムタッ

❶【蒸し鶏と野菜の煮込み】

닭발
タッパル

❶【鶏の足の料理】

양념닭
ヤンニョムダッ

❶【味付きチキン】

麺
면
ミョン

비빔냉면
ビビムネンミョン

❶【ビビン冷麺】

　❶＝日本語

基本会話

グルメ

ショッピング

ビューティ

見どころ

エンタメ

ホテル

乗りもの

基本情報

単語集

평양냉면
ピョンヤンネンミョン

❶【平壌式冷麺】

국수
クッス

❶【クッス（韓国風うどん）】

콩국수
コングッス

❶【豆乳スープの冷麺】

짜장면
チャジャンミョン

❶【韓国風ジャージャー麺】

회냉면
フェネンミョン

❶【フェ冷麺（刺身のせ冷麺）】

飯
밥
パッ

밥
パッ

❶【ごはん】

죽
チュッ

❶【粥】

김밥
キムパッ

❶【キンパッ（のり巻）】

비빔밥
ビビムパッ

❶【ビビンパッ】

돌솥비빔밥
トルソッピビムパッ

❶【石焼ビビンパッ】

국밥
クッパッ

❶【クッパ】

볶음밥
ポックムパッ

❶【ポックンパッ（チャーハン）】

회덮밥
フェドッパッ

❶【刺身どんぶり】

スープ＆鍋

수프＆냄비
スプ　ネムビ

삼계탕
サンゲタン

❶【参鶏湯（サムゲタン）】

오골계탕
オゴルゲタン

❶【烏骨鶏のサムゲタン】

설렁탕
ソルロンタン

❶【牛骨スープ】

김치찌개
キムチチゲ

❶【キムチチゲ】

수제비
スジェビ

❶【韓国風すいとん】

꼬리곰탕
コリゴムタン

❶【牛テールスープ】

도가니탕
トガニタン

❶【牛関節入り牛骨スープ】

곰탕
コムタン

❶【牛肉のスープ】

북어국
プゴグッ

❶【干しダラの煮込み】

33

ありますか?

LOOK

_____ は 　あ　りますか?

_____ は 　あ　ります　か?

_____ ウン　イッソヨ 🔊

Do you have _____ ?

해장국 ヘジャンクッ 🔊【牛の血の固まり入りスープ】	순두부찌개 スンドゥブチゲ 🔊【豆腐チゲ】

된장찌개 テンジャンチゲ 🔊【味噌チゲ】	감자탕 カムジャタン 🔊【ジャガイモと豚肉のスープ】	닭한마리 タッカンマリ 🔊【鶏一羽を煮込んだ鍋】	부대찌개 ブデチゲ 🔊【部隊チゲ】
해물탕 ヘムルタン 🔊【海鮮鍋】	연포탕 ヨンポタン 🔊【タコの海鮮鍋】	갈비탕 カルビタン 🔊【牛カルビスープ】	만두전골 マンドゥチョンゴル 🔊【韓国風餃子鍋】

海鮮 해산물 ヘサンムル	간장게장 カンジャンケジャン 🔊【カニの醤油漬け】	낙지불고기 ナッチブルコギ 🔊【タコのプルコギ】	산낙지 サンナッチ 🔊【生ダコ】
조개구이 チョゲクイ 🔊【貝焼き】	一品料理 일품요리 イルプムヨリ	파전 パジョン 🔊【ネギのチヂミ】	두부김치 トゥブキムチ 🔊【豆腐と豚キムチの盛り合わせ】
잡채 チャプチェ 🔊【韓国風春雨】	만두 マンドゥ 🔊【韓国風餃子】	회 フェ 🔊【刺身】	계란찜 ケランチム 🔊【韓国風茶碗蒸し】

キムチ 김치 キムチ	배추김치 ベチュキムチ	열무김치 ヨルムキムチ	깍두기 カットゥギ
	🍴【白菜キムチ】	🍴【大根の葉キムチ】	🍴【カクテキ（大根キムチ）】

동치미 ドンチミ	오이김치 オイキムチ	총각김치 チョンガッキムチ	백김치 ベッキムチ
🍴【大根の水キムチ】	🍴【キュウリのキムチ】	🍴【大根のキムチ】	🍴【白キムチ】

깻잎김치 ケンニッキムチ	파김치 パキムチ	물김치 ムルキムチ	갓김치 カッキムチ
🍴【エゴマの葉のキムチ】	🍴【ネギキムチ】	🍴【水キムチ】	🍴【からし菜のキムチ】

보쌈김치 ボサムキムチ	葉っぱ 잎 イッ	상추 サンチュ	적상추 チョッサンチュ
🍴【カキや松の実を包んだキムチ】		🍴【サンチュ】	🍴【赤サンチュ】

배추 ベチュ	청경채 チョンギョンチェ	파 パ	적채 チョッチェ
	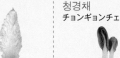		
🍴【白菜】	🍴【チンゲンサイ】	🍴【万能ネギ】	🍴【赤キャベツ】

셀러리잎 セルロリイッ	신선초 シンソンチョ	쑥갓 スッガッ	깻잎 ケンニッ
🍴【セロリの葉】	🍴【アシタバ】	🍴【春菊】	🍴【エゴマの葉】

LOOK

□ ください。 □ 주세요. □ チュセヨ □ , please.	겨자잎 ギョジャイッ ❶【カラシの葉】	미나리 ミナリ ❶【セリ】

たれ 소스 ソス	고추장 コチュジャン ❶【辛味噌ダレ】	쌈장 サムジャン ❶【焼肉味噌】	초 고추장 チョコチュジャン ❶【唐辛子酢味噌】
양념 된장 ヤンニョムデンジャン ❶【味付け味噌】	伝統茶 전통차 ジョントンチャ	유자차 ユジャチャ ❶【柚子茶】	대추차 テチュチャ ❶【ナツメ茶】
오미자차 オミジャチャ ❶【五味子茶】	매실차 メシルチャ ❶【梅茶】	모과차 モグァチャ ❶【花梨茶】	식혜 シッケ ❶【シッケ(甘酒に似た発酵飲料)】
국화차 ククァチャ ❶【菊花茶】	수정과 スジョングァ ❶【水正果】	계피차 ケピチャ ❶【桂皮茶】	생강차 センガンチャ ❶【生姜茶】
スイーツ 스위트 スウィトゥ ◉P.47	팥빙수 パッピンス ❶【アズキ入りかき氷】	요구르트 아이스 ヨグルトゥ アイス ❶【ヨーグルトアイス】	꽃떡 コットッ ❶【コトッ(花餅)】

떡케이크 トッケイク	단팥죽 タンパッチュッ	떡 トッ	약과 ヤックァ
❶【餅ケーキ】	❶【アズキ粥】	❶【餅】	❶【薬菓(ハチミツ入り揚げ菓子)】

백설기 ベッソルギ	쑥떡 スットッ	절편 チョルピョン	강정 カンジョン
❶【ベクソルギ(蒸し餅)】	❶【ヨモギ入りジャガイモ餅】	❶【チョルピョン(ヨモギの餅菓子)】	❶【カンジョン(おこし)】

調理法など
조리법
チョリボッ

따뜻하다 タトゥタダ ❶【温かい】	차다 チャダ ❶【冷たい】	갈은 カルン ❶【すりおろした】
구운 クウン ❶【焼いた】	데친 テチン ❶【ゆでた】	볶은 ポックン ❶【炒めた】

푹 끓인 プッ クリン ❶【煮込んだ】	소금에 절인 ソグメ チョリン ❶【塩漬けにした】	튀긴 ティギン ❶【揚げた】	얼린 オルリン ❶【凍らせた】
으깬 ウケン ❶【つぶした】	섞은 ソックン ❶【混ぜ合わせた】	간을 한 カヌル ハン ❶【味をつけた】	생 セン ❶【生の】
향신료 맛이 잘 나는 ヒャンシンニョ マシ チャル ナヌン ❶【香辛料のよく効いた】	불에 구운 プレ クウン ❶【あぶり焼きにした】	얇게 썰은 ヤルケ ソルン ❶【薄切りにした】	調味料 조미료 チョミリョ
갓 만든 カッ マンドゥン ❶【できたての】	훈제의 フンジェエ ❶【燻製にした】	찐 チン ❶【蒸した】	

기름 キルム ❶【油】	참기름 チャムキルム ❶【胡麻油】	고춧가루 コチュッカル ❶【唐辛子】	후추 フチュ ❶【コショウ】
소금 ソグム ❶【塩】	설탕 ソルタン ❶【砂糖】	젓갈 チョッカル ❶【塩辛】	마늘 マヌル ❶【ニンニク】

おいしくお得に焼肉をいただきましょう

韓国で絶対に食べたい本場の焼肉は、迷ってしまうほどお肉の種類がたくさん。
お店の人と会話ができれば、いつもよりお得な気分で味わえますよ。

焼肉屋での会話ポイントは？
注文の前にぜひおすすめメニューを聞いてみましょう。お店によって、イチ押しのお肉やメニューがあるはずです。
料理の味付けや薬念（ヤンニョム：調味料や薬味の総称）にも、お店独自のこだわりがあるので、おいしい食べ方やお肉の焼き加減なども教えてもらいましょう。

焼き肉を食べるときに使うフレーズ

2人前ください。	두 사람분 주세요 . トゥ サラムブン チュセヨ Can we have two?	数字 ◎ P.148
カルビを 追加してください。	갈비를 추가해 주세요 . カルビルル チュガヘ チュセヨ Can I have more carubi?	肉 ◎ P.32
ポックンバッに してください。	볶음밥으로 해 주세요 . ポックムパプロ ヘ チュセヨ Could you make it a bokkeumbap?	
もっと 焼いてください。	더 구워 주세요 . ト クウォ チュセヨ Can you broil more?	
網を変えてください。	불판을 바꾸어 주세요 . ブルパヌル パクオ チュセヨ Can you change the grid?	

"ポックンバッ"とはチャーハンのこと。タッカルビなどを食べたあとに言いたいフレーズ。

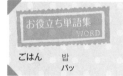

お役立ち単語集 WORD		冷麺	냉면 ネンミョン	取り皿	작은 접시 チャグン チョプシ
		韓国風 うどん	국수 クッス	たれ	소스 ソス
ごはん	밥 パッ	茶わん蒸し	계란찜 ケランチム	スープ	수프 スプ

基本は2人前〜。
おかずは無料です。

テーブルの上はこんな感じです

カルビ 갈비
カルビ

ハサミ 가위
カウィ

水 물
ムル

キムチ 김치
キムチ

薬念 양념
ヤンニョム

野菜 야채
ヤチェ

ナムル 나물
ナムル

こんな野菜が
入っています

おかず
反찬 반찬
バンチャン

にんにく
마늘
マヌル

おはし 젓가락
チョカラッ

スプーン 숟가락
スッカラッ

エゴマの葉
깻잎
ケンニッ

サンチュ
상추
サンチュ

チンゲンサイ
청경채
チョンギョン
チェ

トウガラシ
고추
コチュ

おもな肉の種類はコチラです

牛 소 ソ	생갈비 センカルビ 【生カルビ】	양념갈비 ヤンニョンカルビ 【味付カルビ】	곱창 コプチャン 【小腸】	불고기 プルコギ 【韓国すきやき】
豚 돼지 デジ	삼겹살 サンギョッサル 【三枚バラ肉】	돼지갈비 デジカルビ 【豚カルビ】	보쌈 ポッサン 【ゆで豚肉】	갈매기 カルメギ 【横隔膜】
鶏 닭 タッ	닭갈비 タッカルビ 【鶏肉と野菜の炒め物】	불닭 プルダッ 【鶏肉の激辛炒め】	찜닭 チムタッ 【蒸し鶏と野菜の煮込み】	양념닭 ヤンニョンタッ 【味付チキン】

その他の肉は ☞P.32   **39**

韓定食（ハンジョンシッ）はこうしてオーダー

韓定食は、薬食同源（体にいいものを食べることによって健康を保つ）という考えに基づいたもの。
韓国古来の文化に、食の面から触れて韓国の伝統料理を味わってみましょう。

韓定食（한정식／ハンジョンシッ）とは？
韓定食とは、韓国料理の基本である五味五色に基づいて、さまざまな料理が小皿で供される韓国伝統料理のフルコースです。盛り付けの美しい宮廷料理、家庭的なおかずが並ぶ郷土料理、寺院などで出される精進料理などがあります。

宮廷料理
궁정요리
クンチョンヨリ

エビ焼き
대하구이 テハグイ
韓定食によく使われる食材、エビを開いて焼いた料理。

神仙炉
신선로 シンソルロ
神仙炉という独特の鍋に肉やエビ、野菜などを美しく盛って煮た料理。

九節板
구절판 クジョルパン
代表的な宮廷料理。小麦粉と卵で焼いた皮に周りの8種類の具を巻いて食べる。

おかずの定番はコレ

韓国の味噌汁。日本の味噌よりも発酵の度合いが強い。

テンジャンチゲ
된장찌개 テンチャンチゲ

発酵させたエイの刺身を葉野菜でくるんで辛いタレにつけて食べる料理。

サンハブッ
산합 サンハブッ

甘くてまろやかなワタリガニを醤油ダレに漬けたもの。

カンジャンケジャン
간장게장 カンジャンケジャン

韓定食のお店に行きましょう

韓定食のおすすめの店を教えてください。	한정식의　가게를　추천해 주세요 . ハンジョンシゲ　カゲルル　チュチョネ チュセヨ Please tell me a good restaurant that serves Korean set meal.
2人用のセットメニューはどれですか？	두명　세트 메뉴는　어느거예요 ? トゥミョン　セトゥ メミュヌン　オヌコイエヨ ♪ Do you have a set meal for two? 数字 ⇒ P.148
これはどうやって食べますか？	이것은　어떻게　먹어요 ? イゴスン　オットッケ　モゴヨ ♪ Could you tell me how to eat this?

基本会話

グルメ

ショッピング

ビューティ

見どころ

エンタメ

ホテル

乗りもの

基本情報

単語集

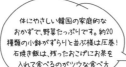

ちょっと知りたい五味五色のこと
韓国に伝わる健康的な食生活についての教えです。五味は辛・甘・酸・しょっぱい・苦、五色は青（緑）：緑の野菜、赤：唐辛子、黄：卵黄、白：卵白、黒：ノリにあてはまります。

体にやさしい韓国の家庭的なおかずで、野菜たっぷりです。約20種類の小鉢がずらりと並ぶ様は圧巻！石焼き飯は、残ったおこげにお茶を入れて食べるのがツウな食べ方

郷土料理
향토요리
ヒャントヨリ

キムチ
김치 キムチ
韓国の食卓には欠かせない漬物の総称。

チヂミ
전 ジョン
薄く切った材料に小麦粉をつけて焼いたもの。

テンジャンチゲ
된장찌개 テンジャンチゲ
韓国の伝統的なチゲ（鍋料理）。

ナムル
나물 ナムル
ゆでた野菜をゴマ油で和えた料理。ホウレンソウや大豆もやし、ゼンマイなどがよく使われる。

石焼き飯
돌솥밥 トルソッパッ
熱い石鍋の中でご飯を混ぜながら食べる料理。石鍋に当たる部分でおこげができる。

焼き魚
생선구이 センソングイ
イシモチなどが有名。

このコースでは何品出ますか？	이 코스에서는 몇종류 나와요？ イ コスエソヌン ミョッチョンニュ ナワヨ🔊 How many dishes come with this prix-fixe menu？
ランチコースはありますか？	런치 코스는 있어요？ ロンチ コスヌン イッソヨ🔊 Do you have a lunch prix-fixe？
個室はありますか？	독실은 있어요？ トクシルン イッソヨ🔊 Do you have a private dining room？

屋台の地元フードにチャレンジしましょう

屋台ではかんたんなコミュニケーションで品物を買うことができます。
屋台の人とのやりとりを存分に楽しみましょう。

まずは看板を解説

屋台によって看板の内容は
様々ですが、商品の名前を羅
列した看板が多くみられま
す。こちらの看板のように、
商品ひとつひとつの値段が
表示されていない場合も多い
ので、直接売り子さんに声
をかけてみましょう。

元祖　モチ米　ホットッ

3個　1000ウォン

オデン・トッポッキ

屋台にはそれぞれ特徴があります

屋台にはテイクアウト系屋台の「ノジョム」と、イートイン系屋台の「ポジャンマチ
ャ」があります。「ノジョム」は立ち食いやテイクアウトして食べる屋台で、メニュ
ーも手軽なものが中心です。早朝から深夜まで出ています。テント風屋台の「ポ
ジャンマチャ」は座って食べることができる屋台で、メニューはお酒とおつまみ
になる料理が中心です。夕方から夜遅くまで営業しています。

では注文しましょう

こんにちは。

안녕하세요?
アンニョンハセヨ

いらっしゃい。何にする？

어서오세요.　무엇을　드시겠어요?
オソオセヨ　ムオスル　トゥシゲッソヨ

これは何？

이것은　무엇이에요?
イゴスン　ムオシエヨ

それはトーストだよ。おいしいよ。

그것은　토스트인데요, 맛있어요.
クゴスン　トストインデヨ　マシッソヨ

1ついくら？

하나에 얼마 해요?
ハナエ　オルマ　ヘヨ

2000ウォンだよ。

2000원이요.
イチョンニヨ

1つちょうだい。

하나 주세요.
ハナ　チュセヨ

はいよ、2000ウォン。

여기 2000원이에요.
ヨギ　イチョノニイエヨ

42

LOOK

	ください。
	주세요 .
	チュセヨ
	, please.

屋台メニュー
포장마차메뉴
ボジャンマチャメニュ

떡볶이
トッポキ

❶【甘辛く煮たモチ】

호떡
ホトッ

❶【ホットッ(小麦粉の焼き菓子)】

김밥
キンパッ

❶【のり巻】

고구마튀김
コグマティギム

❶【さつまいもの素揚げ】

파전
パジョン

❶【ネギのチヂミ】

튀김
ティギム

❶【ティギン (天ぷら)】

생쥬스
センジュス

❶【生ジュース】

와플
ワップル

❶【ワッフル】

붕어빵
プンオッパン

❶【タイ焼き】

오뎅
オデン
❶【魚のすり身の煮物】

쥐포
チッポ
❶【カワハギの干物】

순대
スンデ
❶【豚の腸詰】

포장마차토스트
ボジャンマチャトストゥ

❶【屋台のトースト】

(ボジャンマチャ (テント風屋台) で使いましょう)

おはし[お皿]を ください。	젓가락 [접시] 주세요 . チョッカラッ [チョッシ] チュセヨ Could I have chopsticks[a plate]?
ここに座ってもいい?	여기에 앉아도 돼요 ? ヨギエ　　アンジャド　デヨ ❷ May I sit here?
焼酎1本とコップを2 つください。	소주 한병과 컵 두개 주세요 . ソジュ　ハンビョンクァ　コッ　トゥゲ　チュセヨ Could I have a bottle of soju and two glasses, please?

飲み物 ☞ P.49　数字 ☞ P.148

43

ファストフードやフードコートも便利です

時間がなくても気軽に立ち寄れるファストフード＆フードコートに入ってみましょう。
「みんなで食事」が一般的な韓国では、おひとり様にも強い味方ですよ。

お店に入って注文です

ストローは自分で
韓国のファストフードでは、ストローはレジ横にあるストロー入れから自分で取るので注意しよう。

いらっしゃいませ。ご注文はお決まりですか？

어서오세요. 주문은 정해졌어요?
オソオセヨ　チュムヌン　チョンヘチョッソヨ♪

ハンバーガーとコーヒー、ポテトをください。

햄버거와 커피, 감자튀김을 주세요.
ヘムボゴワ　コピ　カムジャティギムル　チュセヨ

ガムシロップ［ケチャップ］はいりますか？

검 시럽은 [케첩은] 필요합니까?
コム　シロブン［ケチョブン］ピリョハムニカ♪

はい。2つください。

예, 두개 주세요.
イェ　トゥゲ　チュセヨ

サイズは何にしますか？

어느 사이즈로 할까요?
オヌ　サイズロ　ハルカヨ♪

Mサイズにします。

M사이즈로 해요.
Mサイズロ　ヘヨ

ご注文は以上ですか？

주문은 이상인가요?
チュムヌン　イサンインガヨ♪

注文は以上です。

주문은 이상이에요.
チュムヌン　イサンイェヨ

ここで食べますか？

여기에서 드시나요?
ヨギエソ　トゥシナヨ♪

いいえ。テイクアウトにしてください。

아니요, 가져가서 먹을 거예요.
アニヨ　カジョカソ　モグル　コエヨ

料金は5000ウォンです。

요금은 5000원입니다.
ヨグム　オチョンウォニムニダ

はい。ここで食べます。

예,여기서 먹어요.
イェ　ヨギソ　モゴヨ

44

フードコートの利用法を知っておきましょう

1 料理を選ぶ
ブースをまわって食べたい料理を選び、お店と料理名を覚えます。

2 注文してお会計
注文カウンターか、なければ各ブースで料理を注文します。

3 引換証で呼び出し番号を確認
会計時に渡される引換証の番号で呼び出されるのを待ちます。

4 料理を受け取る
注文したお店のブースで料理を受け取ります。食器の返却もブースへ。

LOOK

| ください。 |
| 주세요 . |
| チュセヨ , please. |

フードコート
후드 코트
フドゥ コトゥ

냉면
ネンミョン

◗【冷麺】

칼국수
カルククッス

◗【韓国風うどん】

김밥
キンバッ

◗【のり巻き】

떡볶이
トッポキ

◗【甘辛く煮た餅】

ファストフード
패스트푸드
ペストゥプドゥ

햄버거
ヘムボゴ

◗【ハンバーガー】

불고기버거
プルコギボゴ

◗【プルコギ・バーガー】

감자
カムジャ
◗【ポテト】

S/M／L
エス／エム／エル
◗【S/M/L】

치즈버거
チズボゴ
◗【チーズバーガー】

그릴버거
クリルボゴ
◗【てりやきバーガー】

샌드위치
セントゥウィチ
◗【サンドウィッチ】

치킨 너겟
チキン ノゲッ
◗【チキンナゲット】

샐러드
セルロドゥ
◗【サラダ】

콜라
コルラ
◗【コーラ】

커피
コピ
◗【コーヒー】

카페라떼
カペラテ
◗【カフェラテ】

우롱차
ウロンチャ
◗【ウーロン茶】

飲み物 ➡ P.47・49

ファストフード単語集 WORD

マクドナルド	맥도날드 メットナルドゥ	ロッテリア	롯데리아 ロッテリア
		スターバックス	스타벅스 スタボックス
		バーガーキング	버거킹 ボゴキン
ババロッティ・バン	파파로티 빵 パパロティ パン	ロッティボーイ	로티보이 ロティボイ
ハラドーナッツ	하라 도너츠 ハラ ドノチュ		

スイーツショップ＆カフェに行ってみましょう

こだわりスイーツのお店やおしゃれなカフェが急増中のソウル。
おすすめの韓菓子や種類が選べるトッピングなどの注文にチャレンジです。

> 注文をしてみましょう

<u>パッピンス</u>を <u>1</u>つください。	팥빙수를　하나　주세요 . パッピンスルル　ハナ　チュセヨ One Patbingsu, please.	数字⮞P.148
<u>スプーン</u>を <u>2</u>つください。	숟가락을　두개　주세요 . スッカラグル　トゥゲ　チュセヨ Can I have two spoons?	数字⮞P.148
セットメニューは ありますか？	세트메뉴는　있어요 ? セトゥメニュヌン　イッソヨ🔊 Do you have a set meal?	
おすすめは 何ですか？	추천하는　것은　어느거예요 ? チュチョナヌン　コスン　オヌゴイェヨ🔊 What do you recommend?	
<u>カフェラテ</u>を <u>1</u>つください。	카페라떼를　하나　주세요 . カペラテ　ルル　ハナ　チュセヨ One café latte, please.	数字⮞P.148
テイクアウト できますか？	테이크아웃　할수 있어요 ? テイクアウッ　ハルス　イッソヨ🔊 Can I take this home?	
<u>お餅</u>を使ったスイーツ はありますか？	떡을　사용한　스위트는　있어요 ? トグル　サヨンハン　スウィトゥヌン　イッソヨ🔊 Do you have a dessert with rice cakes?	
<u>ホットデザート</u>は どれですか？	따뜻한　디저트는　어느거예요 ? タトゥタン　ティジョトゥヌン　オヌゴイェヨ🔊 Which is the hot dessert?	
おすすめの<u>韓菓子</u>は どれですか？	인기있는　한과는　어느거예요 ? インキインヌン　ハングァヌン　オヌコイェヨ🔊 Which Korean sweets do you recommend?	
WiFiは使えますか？	와이파이는　쓸 수 있어요 ? ワイパイ (WiFi) ヌン　スル　ス　イッソヨ🔊 Can I use the WiFi?	

基本会話

グルメ

ショッピング

ビューティ

見どころ

エンタメ

ホテル

乗りもの

基本情報

単語集

LOOK

| □ ください。 |
| □ 주세요 . |
| □ チュセヨ |
| □ , please. |

スイーツ
스위트
スウィトゥ

와플
ワップル
❶【ワッフル】

타르트 タルトゥ ❶【タルト】	컵 케이크 コプ ケイク ❶【カップケーキ】	빙수 ビンス ❶【かき氷】	요구르트 아이스 ヨグルトゥ アイス ❶【ヨーグルトアイス】
유과 ユグァ ❶【ユグァ (モチ米の揚げ菓子)】	약과 ヤッグァ ❶【薬菓(ハチミツ入り揚げ菓子)】	ドリンク 드링크 トゥリンク ◐P.36・49	커피 コピ ❶【コーヒー】
			홍차 ホンチャ ❶【紅茶】
허브 티 ホブ ティ ❶【ハーブティー】	카페 라떼 カペ ラテ ❶【カフェラテ】	카페 모카 カペ モカ ❶【カフェモカ】	카푸치노 カプ チノ ❶【カプチーノ】
고구마 라떼 コグマ ラテ ❶【サツマイモラテ】	오미자라떼 オ ミジャ ラテ ❶【オミジャラテ】	스무지 スムジ ❶【スムージー】	주스 ジュス ❶【ジュース】

ワンポイント トッピング用語を解説

| □ トッピングしてください。 |
| □ 토핑해 주세요 . |
| □ トピンヘ チュセヨ |

韓国の定番デザート、ビンス
は、お店によって色々な味やト
ッピングが楽しめます。

アズキ 팥 パッ
餅 떡 トッ
アイスクリーム 아이스 크림 アイス クリム
スイカ 수박 スバッ
ブルーベリー 블루베리 ブルルベリ
バナナ 바나나 バナナ

| ほかのトッピングは こう言います | イチゴ 딸기 タルギ | オレンジ 오렌지 オレンジ | マンゴー 망고 マンゴ | サクランボ 버찌 ボッチ | ナッツ 너츠 ノチュ | 抹茶アイス 녹차아이스크림 ノッチャアイスクリム |

夜ごはんはおしゃれ居酒屋へ

気軽に入れるおしゃれな居酒屋が韓国で増えています。
本場の韓国料理をおつまみに、マッコリで夜飲みはいかがですか？

さあ、一杯やりましょう

乾杯
건배
コンペ～！

**2人ですが
入れますか？**

두 사람인데　자리는　있어요？
トゥ　サラミンデ　チャリヌン　イッソヨ 🎵
Do you have a table for two?

数字➡ P.148

**何時まで
営業していますか？**

몇시까지 영업해요？
ミョッシカジ　ヨンオッペヨ 🎵
What time do you close?

**おすすめのおつまみ
は何ですか？**

안주를　추천해 주시겠어요？
アンジュルル　チュチョネ　チュシゲッソヨ 🎵
What snack do you recommend?

**ノンアルコールの
飲み物はありますか？**

무알코올 음료는　있어요？
ムアルコオル　ウムニョヌン　イッソヨ 🎵
Do you have any non-alcoholic drinks?

**おすすめのマッコリは
どれですか？**

추천하는　막걸리는　어느거예요？
チュチョナヌン　マッコルリヌン　オヌゴイェヨ 🎵
Which makgoli do you recommend?

**ビールを
1杯ください。**

맥주를　한잔　주세요．
メッチュルル　ハンジャン　チュセヨ
Can I have a glass of beer?

数字➡ P.148

**同じものをもう1杯
ください。**

같은 것을 한잔 더 주세요．
カトゥン　コスル　ハンジャン　ト　チュセヨ
Could I have another glass?

ワンポイント　いろいろあります、マッコリ

本場韓国で味わえるマッコリは、バリエーション豊富でリーズ
ナブル。スーパーで買って、ホテルで部屋飲みも楽しめますよ。

〈 種類はコレ 〉

黒豆	검정콩 コムジョンコン	桃	복숭아 ボッスンア
ナシ	배 ペ	ザクロ	석류 ソンニュ
ブドウ	포도 ボド	イチゴ	딸기 タルギ
		生	생 セン

スーパーのボトルは
ここをチェック

── 種類

막걸리 ＝マッコリ です。

LOOK

基本会話

グルメ

ショッピング

ビューティ

見どころ

エンタメ

ホテル

乗りもの

基本情報

単語集

☐ ください。
☐ 주세요.
☐ チュセヨ
☐ , please.

お酒
술
スル

막걸리
マッコルリ

◐【マッコリ】

소주
ソジュ

◐【焼酎】

맥주
メッチュ

◐【ビール】

동동주
トンドンジュ

◐【韓国風どぶろく】

매실주
メシルジュ

◐【梅酒】

복분자주
ポップン
ジャジュ

◐【野イチゴの果実酒】

산사춘
サンサチュン

◐【サンザシの薬酒】

백세주
ベッセジュ

◐【韓方とモチ米のお酒】

청하
チョンハ

◐【日本酒】

위스키
ウィスキ

◐【ウィスキー】

진
ジン

◐【ジン】

ジュースなど
주스
ジュス

오렌지
オレンジ

◐【オレンジ】

칵테일
カッテイル

◐【カクテル】

테킬라
テキルラ

◐【テキーラ】

석류
ソンニュ

◐【ザクロ】

배
ベ

◐【ナシ】

콜라
コルラ

◐【コーラ】

차
チャ

◐【お茶】

미네랄 워터
ミネラル ウォト

◐【ミネラルウォーター】

알로에
アルロエ

◐【アロエ】

스프라이트
スプライトゥ

◐【スプライト】

물
ムル

◐【水】

おつまみ
안주
アンジュ

튀김
ティギム

◐【ティギン（天ぷら）】

파전
パジョン

◐【ネギのチヂミ】

두부김치
トゥブキムチ

◐【豆腐キムチ】

マナーを守って韓国料理をどうぞ

韓国では儒教の精神や伝統を重んじます。日本と似ているようでいて、異なるマナーも多くあります。
韓国の人と食事をするときには、相手に不快な思いをさせないように気配りしましょう。

パンチャン
（おかず）は…

料理を注文すると、キムチやナムルをはじめとした副菜がたくさんでてきます。これらは全部無料でお代わり自由。肉を包むサンチュなどがなくなったら、遠慮せずに追加で頼むとよいでしょう。

日本との
違いは…

日本のように器を手に持って食べることはしません。テーブルに置いたままいただくようにしましょう。食器を持つのはテーブルのない囚人のようなのだとか…。

お箸や
スプーンは…

韓国では、お箸やスプーンは金属製がほとんどです。置くときにはスプーンやお箸の先を相手に向けるようにします。

韓国では食べきれないほどの
接待をするのが礼儀。
食べ残しは失礼ではありません。

―― ほかにも気をつけたいことは？

①注文する時は？
食べたい料理が決まったら、スタッフを呼びます。料理名を言うかメニューを指すなどすればOK。頼んだものと違う料理が来たら、はっきり違うと伝えましょう。

②座敷で食事する時は？
女性が片膝を立てて食事をしてもよいとされています。これは、民族衣装を着ていたころの名残。日本にはない習慣なので、びっくりするかも。

本場の焼肉の食べ方は？
まず店員さんが、手際よく鉄板や金網にのせてくれます。半分くらい焼けたところでハサミで切ってもらいますが、自分で切ることもあります。最後は野菜に包んで召し上がれ。

**ご飯や
スープは…**

スッカラというスプーンを使っていただくのが一般的です。スープをいただくときは、音をたてないようにしましょう。器に口をつけるのもマナーに反します。箸はおかずをつまむときだけに使います。

**お酒の
席では…**

相手の盃に酒を注ぎたすのはタブーなので注意しましょう。相手が目上の人の場合は、正面に向き合って酒を飲むのではなく、顔を横に向けて飲むのがマナーです。また女性から男性へお酌をするのも身内以外はNGです。

**取り箸、
取り皿は…**

取り箸や取り皿のようなものはありません。大皿はみんなでつつきあって食べます。裏箸の習慣もありません。

③会計する時は？
日本同様、会計に伝票を持って行って支払うか、テーブルで支払います。なお韓国では、日本の割り勘の概念が一般的ではないようです。店を出るときは、「チャルモゴッスミダ（ごちそうさま）」のひと言を。

④喫煙する時は？
韓国の屋内にあるレストランは、ほとんどが禁煙か分煙です。たとえ分煙だとしても、目上の人の前での喫煙はマナー違反なので注意しましょう。

楽しく自分好みのファッションを見つけましょう

今、アジアで大注目のコリアンファッションは、かわいくて個性的なセンスが光ります。
上手に会話をしてお気に入りの最新アイテムを見つけましょう。

まずはお店を探しましょう

<u>デパート</u>は どこにありますか？	백화점은 어디인가요 ? ペックァジョムン オディインガヨ Where is the department store?
歩いてそこまで 行けますか？	걸어서 갈수 있나요 ? コロソ カルス インナヨ Can I go there on foot?
<u>SUGAR</u>という店は どこですか？	SUGAR 라는 가게는 어디인가요 ? SUGAR ラヌン カゲヌン オディインガヨ Where is the shop called SUGAR?

お店についてたずねましょう

営業時間を 教えてください。	영업시간을 알려 주세요 . ヨンオッシガヌル アルリョ チュセヨ What are the business hours?
定休日は いつですか？	정기휴일은 언젠가요 ? チョンギヒュイルン オンジェンガヨ What days are you close?
店内案内図は ありますか？	매장안내도는 있어요 ? メジャンアンネドヌン イッソヨ Do you have a floor map?
<u>靴</u>を買うにはどこに 行けばいいですか？	어디에 가면 신발을 살 수 있어요 ? オディエ カミョン シンバルル サル ス イッソヨ Where should I go to buy shoes?
エレベーター [エスカレ ーター]はどこですか？	엘리베이터 [에스컬레이터] 는 어디 있어요 ? エルリベイト ［エスコルレイト］ ヌン オディ イッソヨ Where is the elevator[escalator]?
荷物を預かってもらえる ところはありますか？	짐을 부탁할 곳은 있습니까 ? チムル プタカル コスン イッスムニカ Where is the cloak room?

基本会話

グルメ

ショッピング

ビューティ

見どころ

エンタメ

ホテル

乗りもの

基本情報

単語集

日本語を話せる スタッフはいますか？	일본말을 하는 직원은 있어요 ?
	イルボンマルル ハヌン チグォヌン イッソヨ ◉
	Is there anyone who speaks Japanese?

店内にATMは ありますか？	점내에 ATM 는 있어요 ?
	チョムネエ ATM ヌン イッソヨ ◉
	Do you have an ATM in here?

顧客サービス窓口は どこですか？	고객 서비스 창구는 어디입니까 ?
	コゲッ ソビス チャングヌン オディイムニカ ◉
	Where is the customer service?

LOOK

どこにありますか？

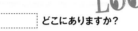 어디 입니까 ?

_____ オディ イムニカ ◉
Where is _____ ?

백화점 ベックァジョム ❶【デパート】	셀렉트 숍 セルレットゥ ショッ ❶【セレクトショップ】

쇼핑몰 ショッピンモル ❶【ショッピングモール】	잡화점 チャパチョム ❶【雑貨店】	편의점 ピョニジョム ❶【コンビニ】	양복점 ヤンボッチョム ❶【洋服屋】
			가방가게 カバンカゲ ❶【カバン屋】
신발가게 シンバルカゲ ❶【靴屋】	면세점 ミョンセジョム ❶【免税店】	화장품가게 ファジャンプムカゲ ❶【コスメの店】	샤넬 シャネル ❶【シャネル】
랑콤 ランコム ❶【ランコム】	디올 ディオル ❶【ディオール】	클라란스 クルラランス ❶【クラランス】	지방시 ジバンシ ❶【ジバンシィ】
겔랑 ゲルラン ❶【ゲラン】	크리니크 クリニク ❶【クリニーク】	불가리 ブルガリ ❶【ブルガリ】	구찌 クチ ❶【グッチ】
록시땅 ロッシタン ❶【ロクシタン】	루이비통 ルイビトン ❶【ルイ・ヴィトン】	에르메스 エルメス ❶【エルメス】	까르띠에 カルティエ ❶【カルティエ】
프라다 プラダ ❶【プラダ】	펜디 ペンディ ❶【フェンディ】	로에베 ロエベ ❶【ロエベ】	코치 コチ ❶【コーチ】

楽しく自分好みのファッションを見つけましょう

お店に入ったら…

いらっしゃいませ。
어서 오세요.
オソオセヨ

こんにちは。	안녕하세요 . アンニョンハセヨ Hello.

何かお探しですか？	무엇을 찾습니까 ? ムオスル チャッスムニカ🎵 What are you looking for?

見ているだけです。

또 来ます。

그냥 둘러 보기만 할 거예요 .
クニャン トゥルロ ボギマン ハル コイェヨ
Just looking.

또 오겠어요 .
ト オゲッソヨ
I'll come back later.

すみません、 ちょっといいですか。	죄송해요 , 잠깐 얘기할 수 있어요 ? チェソンヘヨ チャムカン イェギハルス イッソヨ🎵 Excuse me. Can you help me?

<u>帽子</u>を 買いたいのですが。	모자를 사고 싶은데요 . モジャルル サゴ シプンデヨ I'd like to buy some hats. アイテム⏵P.59

すみません！ これください。	여보세요 ! 이것 주세요 . ヨボセヨ イゴッ チュセヨ Excuse me! Can I have this?

（本を見せながら）こ れが欲しいのですが。	이것이 마음에 드는데요 . イゴシ マウメ トゥヌンデヨ I'd like to buy this.

お店に入ったら
アニョハセヨーと
あいさつを

あの<u>セーター</u>を 見せてください。	저 스웨터를 보여주세요 . チョ スウェトゥルル ボヨチュセヨ Can I see that sweater? アイテム⏵P.59

もう少し安い [高い] ものはありますか？	좀더 싼 [비싼] 것은 있어요 ? チョムド サン [ビッサン] コスン イッソヨ🎵 Do you have a cheaper[more expensive] one?

セール品は ありますか？	세일품은 있어요 ? セイルプムン イッソヨ🎵 Do you have anything on sale?

この素材は 何ですか？	이 소재는 뭐예요 ? イ ソジェヌン ムォイェヨ🎵 What is this made of?

54

基本会話

グルメ

ショッピング

ビューティ

見どころ

エンタメ

ホテル

乗りもの

基本情報

単語集

免税手続きについて知っておきましょう
韓国ではほぼすべての物品やサービスに
10%の付加価値税（VAT）が含まれています
が、免税システム加盟店で、外国人が1日1店
舗あたり3万W以上の買い物をした場合、手

続き後に手数料を引いた金額が返金されま
す。上記に当てはまるお買い物をした際は、
お店で免税書類を作ってもらいましょう。そ
の際、パスポートの提示が必要です。

新しいものは ありますか？	새것은 있어요 ? セゴスン イッソヨ ♪ Do you have a new one?
いくらですか？	얼마인가요 ? オルマインガヨ ♪ How much is it?
クレジットカードは 使えますか？	크레디트 카드는 사용할 수 있어요 ? クレディトゥ カドゥヌン サヨンハル ス イッソヨ ♪ Do you accept credit cards?
日本円は 使えますか？	일본 엔은 쓸 수 있어요 ? イルボン エヌン スルス イッソヨ ♪ Can I use Japanese yen?
免税で買えますか？	면세로 살 수 있어요 ? ミョンセロ サルス イッソヨ ♪ Can I buy it tax-free?
免税手続き用の書類 を作成してください。	면세수속용 서류를 작성해 주세요 . ミョンセスソギョン ソリュルル チャッソンヘ チュセヨ Please make me a tax refund form.
計算が間違って いるようです。	계산이 틀린 것 같아요 . ケサニ トゥルリン コッ カタヨ I think there is a mistake in this bill.
おつりを 間違えています。	거스름돈이 틀렸어요 . コスルムドニ トゥルリョッソヨ You gave me the wrong change.

素材単語集
WORD

シルク	실크 シルク	麻	삼 サム	ポリエステル	폴리에스테르 ポルリエステル
		ウール	모 モ	皮革	피혁 ピヒョッ
		カシミヤ	캐시미어 ケシミオ	人工皮革	인조피혁 インジョピヒョッ
綿	면 ミョン	ナイロン	나일론 ナイロン	スエード	스웨드 スウェド

楽しく自分好みのファッションを見つけましょう

お目当てを探しましょう

ワンピースは どこにありますか?	원피스는 어디 있어요? ウォンピスヌン オディ イッソヨ♪ Where can I see a dress?　　　　　アイテム◎P.59
婦人服売り場は どこですか?	부인복 판매장은 어딘가요? ブインボッ パンメジャンウン オディンガヨ♪ Where is the women's wear section?
色違いはありますか?	다른 색은 있어요? タルン セグン イッソヨ♪ Do you have it in different colors?
これのピンクは ありますか?	이것의 핑크는 있어요? イゴセ ピンクヌン イッソヨ♪ Do you have a pink one?　　　　　色◎P.63
私のサイズは 55号です。	제 사이즈는 55예요. チェ サイジュヌン オシプオイェヨ My size is 55.　　　　　サイズ◎P.59
これの55号サイズは ありますか?	이것의 55 사이즈는 있어요? イゴセ オシボ サイジュヌン イッソヨ♪ Do you have this in 55?　　　　　サイズ◎P.59
手にとっても いいですか?	손에 들어 봐도 되나요? ソネ ドゥロ バァド デナヨ♪ May I see this?
最新モデルは どれですか?	최신 모델은 어느것입니까? チェシン モデルン オヌゴシムニカ♪ Which one is the newest model?
鏡をみせてください。	거울을 보여 주세요. コウルル ボヨ チュセヨ Can I see the mirror?
試着しても いいですか?	입어 봐도 괜찬아요? イボ バァド クェンチャナヨ♪ May I try this on?
どこで 試着できますか?	어디서 입어볼 수 있어요? オディソ イボボル ス イッソヨ♪ Where is the fitting room?

56

かわいい！
예쁘다.
イェプダ

ぴったりです！
딱 맞아요
タッ マジャヨ

基本会話

グルメ

ショッピング

ビューティ

見どころ

エンタメ

ホテル

乗りもの

基本情報

単語集

その場で試着!?

ファッションビル内の洋服屋さんでも、試着室がない場合があります。そんな時は、お店から大きなスカートのようなものを借りて頭からかぶり、その場でお着替え！となります。

ちょっと大きい [小さい] です。	조금 커 [작아]요 . チョグム コ [チャガ]ヨ This is a little big [small].
もっと大きい[小さい] ものはありますか？	더 큰 [작은]것은 있어요 ? ト クン [チャグン]コスン イッソヨ Do you have a bigger [smaller] one?
ちょっときつい [ゆるい] です。	조금 끼어 [헐렁해]요 . チョグム キオ [ホルロンヘ]ヨ This is a little tight [loose].
長 [短] すぎです。	너무 길어요 [짧아요] . ノム キロヨ [チャルバヨ] This is too long [short].
サイズが合いません。	사이즈가 맞지 않아요 . サイジュガ マッチ アナヨ It doesn't fit me.

韓国オシャレ
女子になるには
コレ

今、流行っているものはどれですか？

지금 , 유행하는 것은 어느것인가요 ?
チグム ユヘンハヌン コスン オヌゴシンガヨ
Which one is in fashion now?

お役立ち単語集 WORD

		きつい	끼다 キダ	うすい	얇다 ヤルタ
		長い	길다 キルダ	厚い	두껍다 トゥコッタ
大きい	크다 クダ	短い	짧다 チャルタ	長袖	긴 소매 キン ソメ
小さい	작다 チャッタ	ちょうどいい	딱 좋다 タッ チョッタ	半袖	반소매 パンソメ
ゆるい	헐렁하다 ホルロンハダ	かたい	딱딱하다 ダッダハダ	ノースリーブ	노 슬리브 ノ スルリブ

楽しく自分好みのファッションを見つけましょう

店員さんに聞いてみましょう

サイズ調整は できますか?	사이즈는 조정할 수 있어요? サイジュヌン チョジョンハル ス イッソヨ ♪ Can you adjust the size?
丈の調整は できますか?	기장은 고칠 수 있어요? キジャウン コチル ス イッソヨ ♪ Can you adjust the length?
どのくらい かかりますか?	어느 정도 걸려요? オヌ チョンド コルリョヨ ♪ How much will it cost?
有料 [無料] ですか?	유료 [무료] 인가요? ユリョ [ムリョ] インガヨ ♪ Is this for free?
これを明日まで取り置 きしてもらえますか?	이것을 내일까지 남겨 줄 수 있어요? イゴスル ネイルカジ ナムギョ チュル ス イッソヨ ♪ Could you keep this until tomorrow?
これは 色落ちしますか?	이것은 탈색돼나요? イゴスン タルセットゥエナヨ ♪ Will the color run?
水洗いできますか?	물로 씻어도 괜찮아요? ムルロ シソド クェンチャナヨ ♪ Is this washable?

返品・交換・クレームがあったら…

返品したいのですが。	반품하고 싶은데요. バンプマゴ シプンデヨ I'd like a refund of this.
サイズを間違えたの で交換したいです。	사이즈를 잘못 골라서 바꾸고 싶어요. サイジュルル チャルモッ コルラソ バックゴ シボヨ I'd like to change this because I had a wrong size.
汚れ [キズ] があったので 返品 [交換] してください。	더러움 [흠] 이 있어서 반품 [교환] 해 주세요. トロウ [フ] ミ イッソソ バンプム [キョファン] へ チュセヨ I'd like to return [exchange] this because it has a stain[scratch].

LOOK

基本会話
グルメ
ショッピング
ビューティ
見どころ
エンタメ
ホテル
乗りもの
基本情報
単語集

ありますか？	
있어요？	
イッソヨ ♪	
Do you have [ ]？	

ファッションアイテム
패션 아이템
ペション　アイテム

외투
ウェトゥ

ⓙ【コート】

자켓
ジャケッ

ⓙ【ジャケット】

블라우스
ブルラウス

ⓙ【ブラウス】

셔츠
ショツ

ⓙ【シャツ】

티셔츠
ティショツ

ⓙ【Tシャツ】

캐미솔
ケミソル

ⓙ【キャミソール】

스웨터
スウェト

ⓙ【セーター】

가디건
カディゴン

ⓙ【カーディガン】

원피스
ウォンピス

ⓙ【ワンピース】

스커트
スコトゥ

ⓙ【スカート】

바지
バジ

ⓙ【ズボン】

쇼트펜츠
ショトゥペンツ

ⓙ【ショートパンツ】

진즈
チンズ

ⓙ【ジーンズ】

드레스
ドゥレス
ⓙ【ドレス】

베스트
ベストゥ
ⓙ【ベスト】

윈드 브레이커
ウィンドゥ　ブレイコ
ⓙ【ウィンドブレーカー】

폴로　셔츠
ポルロ　ショツ
ⓙ【ポロシャツ】

스웨트
スウィトゥ
ⓙ【スウェット】

탱크　톱
テンク　トッ
ⓙ【タンクトップ】

ワンポイント 洋服のサイズについて

韓国の洋服のサイズ表示は、日本とは異なります。
洋服選びの際は、こちらのサイズ表を参考にしてください。
＊（　）は数字の読み方

（婦人服）

日本	9	11	13	15
韓国	55 （オシボ）	66 （ユッシムニュッ）	77 （チルシプチル）	88 （パルシプパル）

お気に入りの靴&バッグを見つけたいですね

靴やバッグは色や種類が豊富なので見ているだけでも楽しめます。
店員さんにしっかりと好みを伝えて、希望通りのアイテムをみつけましょう。

靴屋さん編

これの<u>235</u>サイズはありますか？	이것의 235 사이즈는　　있어요 ? イゴセ　　イペッサムシボサイジュヌン　イッソヨ🎵 Do you have this in 235 ?

数字➡P.148

少しきつい[ゆるい]ような気がします。	좀 끼는 것 [헐렁한 것]같아요 . チョム　キヌン　コッ [ホルロンハン　コッ]カタヨ This is little bit tight[loose].

つま先があたります。	발끝이 조여요 . パルクチ　チョヨヨ These shoes are pinching my toes.

もう半サイズ大きいものはありますか？	0.5사이즈　　더 큰 것은 있어요 ? ヨンチョモサイジュ　ト　クン　コスン　イッソヨ🎵 Do you have half-size bigger than this?

ヒールが高すぎ[低すぎ]です。	힐이 너무 높아요 [낮아요]. ヒリ　　ノム　　ノパヨ [ナジャヨ] I think the heels are too high [low].

これに合う靴はありますか？	여기에 맞는　　구두는 있어요 ? ヨギエ　　マンヌン　クドゥヌン　イッソヨ🎵 Do you have any shoes that go well with this?

> 色や柄が選べる、オーダーシューズも人気です。見本もあり,簡単にオーダーできるのでおすすめ。
オーダーメイドは➡P.74へ

スウェードのブーツを探しています。	스웨이드 부츠를　찾고　있어요 . スウェイドゥ　ブチュルル　チャッコ　イッソヨ I'm looking for swede boots.

素材➡P.75

お役立ち単語集 WORD

		ミュール	뮬 ミュル	ブーツ	부츠 ブチュ
		フラットシューズ	플랫 슈즈 プルレッ シュズ	ショートブーツ	쇼트부츠 ショトゥブチュ
パンプス	펌프스 ポムプス	布製	포제 ポジェ	ハーフブーツ	하프 부츠 ハブ ブチュ
サンダル	샌들 センドゥル	革製	가죽제 カジュッチェ	ロングブーツ	롱 부츠 ロン ブチュ

基本会話

グルメ

ショッピング

ビューティ

見どころ

エンタメ

ホテル

乗りもの

基本情報

単語集

韓国の靴のサイズ表示は日本と違います

日本での靴のサイズ表示は、23.5、24.0とセンチでの表示ですが、韓国では単位がミリで、235、240と表示されています。

バッグ屋さん編

仕事用の<u>黒い</u>バッグが欲しいのですが。
업무용 검은 가방을 찾고 있어요.
オンムヨン コムン カバンウル チャッコ イッソヨ
I want a black bag for work.
色 ◎ P.63

ボタン[ジッパー]で閉まるものがいいです。
단추로 [지퍼로] 채울 수 있는 것이 좋아요.
タンチュロ[チポロ] チェウル ス イッヌン コシ チョアヨ
I want one with buttons[zippers].

ほかの色はありますか?
다른 색은 있어요?
タルン セグン イッソヨ ●
Do you have a different color?

新しいものはありますか?
새것은 있어요?
セゴスン イッソヨ ●
Do you have a new one?

この服に合うバッグはありますか?
이 옷에 어울리는 가방은 있어요?
イ オセ オウルリヌン カバンウン イッソヨ ●
Do you have a bag that goes with this clothes?

もう少し落ち着いた柄のものはありますか?
좀 더 차분한 무늬의 것은 있어요?
チョム ト チャブナン ムニエ コスン イッソヨ ●
Do you have one with a more quiet design?

クラッチバッグを見せてください。
클러치 백을 보여 주세요.
クルレチ ベグル ポヨ チュセヨ
Could I see the clutch bag?

お役立ち単語集 WORD					
		肩ひもあり [なし]	어깨 끈이 달린것 [없는 것] オケ クニ タルリンコッ[オッヌン コッ]	ショルダー	숄더백 ショルドベッ
		ポケット	포켓 ポケッ	スーツケース	슈트케이스 シュトゥケイス
旅行用	여행용 ヨヘンヨン	革製	가죽제품 カジュッチェプン	ジッパー	지퍼 ジポ
仕事用	업무용 オンムヨン	布製	천제품 チョンジェプン	ファスナー	파스너 パスノ
普段用	평소에 ピョンソエ	ハンドバッグ	손가방 ソンカバン	ボタン	단추 タンチュ

61

LOOK

| [　　　] **ありますか？**
| [　] 있어요？
| [　] イッソヨ 🔊
| Do you have [　　] ?

ファッション雑貨
패션잡화
ペションジャパ

목걸이
モッコリ

🔊【ネックレス】

반지
パンジ
🔊【指輪】

귀걸이
クゥィゴリ
🔊【ピアス】

이어링
イオリン
🔊【イヤリング】

브레이스릿
ブレイスリッ
🔊【ブレスレット】

모자
モジャ
🔊【帽子】

백
ペッ
🔊【バッグ】

돈지갑
トンチガッ
🔊【財布】

안경
アンギョン
🔊【眼鏡】

구두
クドゥ
🔊【靴】

스니커
スニコ
🔊【スニーカー】

지갑
チガッ
🔊【小銭入れ】

선글라스
ソングルラス
🔊【サングラス】

벨트
ペルトゥ
🔊【ベルト】

손목시계
ソンモッシゲ
🔊【腕時計】

헤어 액세서리
ヘオ　エッセソリ
🔊【ヘアアクセサリー】

브로치
ブロチ
🔊【ブローチ】

펜던트
ペンドントゥ
🔊【ペンダント】

참
チャム
🔊【チャーム】

스카프
スカプ
🔊【スカーフ】

스톨
ストル
🔊【ストール】

머플러
モプルロ
🔊【マフラー】

장갑
チャンガッ
🔊【手袋】

넥타이
ネッタイ
🔊【ネクタイ】

넥타이핀
ネッタイピン
🔊【ネクタイピン】

커프스 버튼
コプス　ボトゥン
🔊【カフスボタン】

수영복
スヨンボッ
🔊【水着】

양말
ヤンマル
🔊【靴下】

스타킹
スタキン
🔊【ストッキング】

브래지어
ブレジオ
🔊【ブラジャー】

쇼츠
ショツ
🔊【ショーツ】

 ありますか?

◯◯ 있어요 ?

◯◯ イッソヨ ❶

Do you have ◯◯ ?

色
색
セット

검정
コムジョン
❶【黒】

흰
ヒン

❶【白】

빨강
パルガン
❶【赤】

파랑
パラン
❶【青】

노랑
ノラン
❶【黄】

초록
チョロッ
❶【緑】

핑크
ピンク

❶【ピンク】

오렌지
オレンジ

❶【オレンジ】

보라
ボラ

❶【紫】

아이보리
アイボリ
❶【アイボリー】

베이지
ベイジ
❶【ベージュ】

갈
カル

❶【茶】

금
クム
❶【金】

은
ウン
❶【銀】

模様・柄
모양 , 무늬
モヤン　ムニ

스트라이프
ストライプ

❶【ストライプ】

체크
チェク

❶【チェック】

꽃무늬
コンムニ
❶【花柄】

물방울
ムルパンウル
❶【水玉】

무지
ムジ

❶【無地】

유행의
ユヘンエ

❶【流行の】

基本会話
グルメ
ショッピング
ビューティ
見どころ
エンタメ
ホテル
乗りもの
基本情報
単語集

63

韓国コスメをかしこく買いましょう

リーズナブルでかわいくてそのうえしっかり高機能な韓国コスメ。新製品も
続々登場するので、効果や成分をチェックして納得のアイテムを手に入れましょう。

"効く" コスメはラベルをチェックしましょう

実力派韓国コスメには、どんな成分が入ってい
るか気になりますよね。ラベルに書かれている
ハングルを解読してみましょう。

トニーモリー
フロリア　ホワイトニング
デイクリーム
SPF15, PA+

商品名 ─

토니모리
플로리아 화이트닝 데이 크림
SPF 15, PA+
❶ 자외선차단 ❷ 미백 ❸ 주름개선 연동 기능성 화장품

❶ 자외선차단
チャウェソンチャダン ＝UV効果

❷ 미백
ミベッ ＝美白

❸ 주름개선
チュルッケソン ＝しわ改善

피부에 치오로는 화이트 플라워 에너지로 맑고 영통한 광채
피부를 만들어주는 웃빛 프리즘 화이트닝
칙칙하고 어두운 피부 톤을 맑고 환하게 케어해
햇빛 아래에서도 담당한 맑빛 광채 피부를 완성하는 화이트닝 데이 크림

効果・効能 ─
使用方法 ─

[효능성분] 에칠헥실메톡시신나메이트, 티타늄디옥사이드, 알부틴, 아데노신
[효능, 효과] 피부의 미백에 도움을 줍니다. 피부의 주름개선에 도움을 줍니다. 자외선으로
부터 피부를 보호합니다. (SPF15, PA+)
[사용법] 스킨케어 완료 후, 에이크업 제품 도포 전에 적당량 덜어 피부 결을 따라 부드럽
게 펴 발라준 후 가볍게 두드려 흡수시킵니다.

こちらの商品
ラベルを全訳！

トニーモリー
フロリア　ホワイトニング　デイクリーム
SPF 15, PA+

UV効果＆美白＆しわ改善　3つの機能性化粧品
肌に染み込むホワイトフラワーエネルギーで明るく美しい肌を作ることができる
透明プリズムホワイトニング
くすんで暗い肌を太陽の下でも堂々とできる透明感のある明るい肌に作り上げる
ホワイトニング　デイクリーム

「効能成分」Ethyl Methoxycinnamate　二酸化チタン、アルブチン、アデノシン
「効能、効果」肌の美白に役に立ちます。肌のしわ改善にも役に立ちます。紫外線か
　　　　　　ら肌を守ります。
「使用法」スキンケアが終わった後、メイクアップ前に適量を手に取って、肌のキメに
　　　　　沿って伸ばしたあと軽く叩いて吸収させます。

協力：トニーモリー

コスメを探す
フレーズは
コレ

乾燥が気になっています。

건조에 신경이 갑니다.
コンジョエ　シンギョンイ　カムニダ
I'm concerned about dry skin.

お役立ち単語集 WORD					
		クマ	다크서클 タクソクル	敏感肌	민감피부 ミンガム ピブ
		乾燥	건조 コンジョ	乾燥肌	건성피부 コンソン ピブ
シミ	얼룩 オルルッ	保湿	보습 ボスッ	普通肌	보통 피부 ボトン ピブ
シワ	주름 チュルム	オイリー肌	오일리 피부 オイルリ ピブ	アンチ エイジング	안티 에이징 アンティ エイジン

基本会話

グルメ

ショッピング

ビューティ

見どころ

エンタメ

ホテル

乗りもの

基本情報

単語集

次々変わるコスメのブーム
次々に新しい成分のコスメが誕生
している韓国。行くたびにコスメ
ショップをのぞいて最新の動向を
チェックしましょう。

コスメを探しましょう

BBクリームを
探しています。

BB 클림을 찾고 있어요 .
ビビクルリムル　チャッコ　イッソヨ
I'm looking for a BB cream.

敏感肌でも
使えますか?

민감피부에도 쓸수 있나요 ?
ミンガムピブエド　スルス　インナヨ
Can this be used on sensitive skin?

日中用 [夜用]
ですか?

주간용 [야간용] 인가요 ?
チュガニョン [ヤガニョン]インガヨ
Is it for daytime-use [night time-use]?

防腐剤 [添加物] は
使われていますか?

방부제는 [첨가물은] 사용했나요 ?
パンブジェヌン [チョムガムルン]サヨンヘンナヨ
Are any antiseptics [additives] used?

日本未入荷の
コスメはありますか?

일본 미입하 화장품은　있어요 ?
イルボネ　ミイバ　ファジャンブムン　イッソヨ
Do you have any cosmetics that aren't available in Japan?

試してみても
いいですか?

써봐도 돼요 ?
ソブァド　デヨ
Can I try this?

UV効果は
ありますか?

자외선차단 효과는 있어요 ?
チャウェソンチャダン　ヒョクァヌン　イッソヨ
Does it block UV rays?

5個ください。

다섯개 주세요 .
タソッケ　チュセヨ
I'll have five.

数字 P.148

韓国好きの
あなたには
コレ

スターのグッズをください!

스타 상품을 주세요 !
スタ　サンプムル　チュセヨ
Could I have the star goods?

LOOK

ありますか？ 있어요？ イッソヨ ● Do you have ?		基礎化粧品 기초 화장품 キチョ ファジャン ブム	화장수 ファジャンス ❶【化粧水】
크림 クルリム ❶【クリーム】	미용액 ミヨンエッ ❶【美容液】	클렌징 クルレンジン ❶【クレンジング】	마스크 マスク ❶【マスク】
시트 마스크 シトゥ マスク ❶【シートマスク】	시트 마스크(눈매) シトゥ マスク ヌンメ ❶【シートマスク(目元)】	시트 마스크 (코) シトゥ マスク コ ❶【シートマスク (鼻)】	세안료 セアンリョ ❶【洗顔料】 유액 ユエッ ❶【乳液】
자외선 차단제 チャウェソン チャダンジェ ❶【日焼け止め】	보습 크림 ボスッ クリム ❶【保湿クリーム】	데이 크림 デイ クリム ❶【デイクリーム】	ヘア・ボディケアなど 헤어 바디케어 ヘオ バディケオ
나이트 크림 ナイトゥ クリム ❶【ナイトクリーム】	고마쥬 コマジュ ❶【ゴマージュ】	립 크림 リッ クリム ❶【リップクリーム】	
에센셜 오일 エセンショル オイル ❶【エッセンシャルオイル】	아로마 오일 アロマ オイル ❶【アロマオイル】	샴푸 シャンプ ❶【シャンプー】	린스 リンス ❶【リンス】
트리트먼트 トゥリトゥモントゥ ❶【トリートメント】	비누 ビヌ ❶【石けん】	샤워 젤 シャウォ ジェル ❶【シャワージェル】	목욕 소금 モギョッ ソグム ❶【バスソルト】

マスカラの新製品は
ありますか？

마스카라의 신제품은요 ？
マスカラエ　　　シンジェブムンヨ ●
Do you have a new mascara?

BBクリームのおすす
めはどれですか？

추천하는　BB 클림은　어느것이에요 ？
チュチョナヌン　BB クルリムン　オヌゴシエヨ ●
Which BB cream do you recommend?

LOOK

␣␣␣␣␣ のおすすめはどれ?

␣␣␣␣␣ の 추천하는 것은 어느것이에요?
␣␣␣␣␣ エ チュチョナヌン コスン オヌゴシエヨ 🎵
Which ␣␣␣␣␣ do you recommend?

メイクアップ化粧品
메이크업 화장품
メイクオッ ファジャンプム

BB 클림
ビビクルリム

❶【BB クリーム】

립스틱
リッスティッ

❶【口紅】

그로스
クロス

❶【グロス】

치크
チク

❶【チーク】

아이섀도
アイセド

❶【アイシャドウ】

아이 라이너
アイ ライノ

❶【アイライナー】

마스카라
マスカラ

❶【マスカラ】

매니큐어
メニキュオ

❶【マニキュア】

파운데이션
パウンデイション
❶【ファンデーション】

파우더
パウド
❶【パウダー】

컨실러
コンシルロ
❶【コンシーラー】

아이 브로우
アイ ブロウ
❶【アイブロウ】

립 펜슬
リッ ペンスル
❶【リップペンシル】

크림 파운데이션
クリム パウンデイション
❶【クリームファンデーション】

口紅の新色はどれで
すか?

립스틱의 새로운 색은 어느것이에요?
リッスティゲ セロウン セグン オヌゴシエヨ 🎵
Which lipstick has the new color?

数字➡P.63

お役立ち単語集 WORD					
		UV	자외선 チャウェソン	蜂毒	벌독 ポルトッ
		アレルギー	알레르기 アルレルギ	韓方	한방 ハンバン
ニキビ	여드름 ヨドゥルム	コラーゲン	콜라겐 コルラゲン	無香料	무향료 ムヒャンニョ
くすみ	그을름 クウルルム	ヒアルロン酸	히알루론산 ヒアルルロンサン	無着色	무착색 ムチャッセッ
毛穴	털구멍 トルクモン	ビタミン	비타민 ビタミン	天然成分	천연성분 チョニョンソンブン
たるみ	느슨해짐 ヌスンヘジム	カタツムリ粘液	달팽이점액 タルペンイジョメッ	アルコール (ノンアルコール)	알코올(무알코올) アルコオル(ムアルコオル)
美白	미백 ミベッ	シンエイク (蛇毒)	사독 サトッ	発酵	발효 パリョ

伝統的なかわいい雑貨を買いたい

モダンでステキな伝統雑貨は、おみやげにも普段使いにもぴったり。
右頁のフレーズを使ってお気に入りを日本まで大事に持ち帰りましょう。

気になるアイテムはコレ！

복사
ボッサ
↓
ふくさ

カラフルなふくさ。韓国では
ふくさごと渡すのが礼儀。
何枚あっても重宝しそう。

물림쇠가 달린 지갑
ムルリムセガ　タルリン　チガッ
↓
がまぐち

花と忍花文様の手の込んだ
刺繍が施されたがまぐち。

부채
プチェ
↓
うちわ

韓紙を使った、力強く繊細な
花模様のうちわ。

쿠션
クション
↓
クッション

インテリアとして置いておく
だけでかわいいポシャギを
使ったクッション。

한지 상자
ハンジ　サンジャ
↓
韓紙　小物入れ

強度に優れた韓紙の特徴を
生かした小物入れ。色、図柄
のバリエーションも豊富。

백자 그릇
ベッチャ　クルッ
↓
白磁器

急須と茶碗。白地にワンポ
イントのすももの花の模様
がかわいい。

나전의 작은 상자
ナジョエ　チガン　サンジャ
↓
螺鈿の小箱

螺鈿で描かれた精巧な植物
文様が美しい、漆仕上げの
小箱。

コースターをください。
コストルルを　주세요.
コストルル　チュセヨ

68

基本会話

グルメ

ショッピング

ビューティ

見どころ

エンタメ

ホテル

乗りもの

基本情報

単語集

伝統雑貨を買うならソウルの仁寺洞がおすすめです

伝統雑貨の街といえば、古きよき韓国の風情が残る仁寺洞。約300mほどのメイン通りには伝統雑貨店が軒を連ねています。
1軒で伝統雑貨のすべてがそろうショッピングモール「サムジキル」には、洗練されたショップがそろっていて、雑貨好きには見逃せないスポットです。

お気に入りの雑貨がみつかったら…♪

こわれものなのでしっかり包んでください。	깨지기 쉬운 물건이므로 잘 포장해 주세요 . ケジギ シウン ムルコニムロ チャル ポジャンヘ チュセヨ Please wrap this well because it is fragile.	
日本に送ってもらえますか?	일본에 보내 줄 수 있어요 ? イルボネ ボネ チュル ス イッソヨ ♪ Can you send it to Japan?	
他の色はありますか?	다른 색은 있어요 ? タルン セグン イッソヨ ♪ Do you have one in different colors?	色◎ P.63
こわれやすいですか?	깨지기 쉬운 물건인가요 ? ケジギ シウン ムルコニンガヨ ♪ Is this fragile?	
2セットください。	두 세트 주세요 . トゥ セトゥ チュセヨ Two pairs, please.	数字◎ P.148
これと同じものを5つください。	이와 같은 것 다섯개 주세요 . イワ カトゥン コッ タソッケ チュセヨ Can I have five of these?	数字◎ P.148
同じデザインでサイズが大きい[小さい]ものはありますか?	같은 디자인에 사이즈가 큰 것 [작은 것]은 있어요 ? カトゥン ティジャイネ サイジュガ クン ゴッ [チャグン コッ]スン イッソヨ ♪ Do you have this in bigger[smaller] size?	
贈り物用に包んでください。	선물용으로 싸주세요 . ソンムリョンウロ サジュセヨ Could you wrap this as a gift?	
別々に包んでください。	따로따로 싸주세요 . タロタロ サジュセヨ Could you wrap these individually?	
紙袋をいただけますか?	종이봉투를 주세요 . チョンイボントゥルル チュセヨ Can I have a paper bag?	

活気ある市場でコミュニケーション♪

地元の人々の生活に触れることができる、市場探索へ出かけましょう。
熱気と活気があふれる市場は、買い物以外の楽しみもいっぱいです。

おトクだよ。
싸요.
サヨ

いらっしゃい。
어서오세요.
オソオセヨ

3つ買うからまけて!
세개 사니 싸게 해주세요.
セゲ サニ サゲ ヘチュセヨ

安くするよ。
싸게 해요.
サゲ ヘヨ

試食していい?
먹어 봐도 돼요?
モゴ プァド デヨ

これいくら?
이것은 얼마해요?
イゴスン オルマヘヨ

あつあつのチゲはいかがー?
푹 끓인 찌개는 어때요?
プク クリン チゲヌン オテヨ

食べてみて。
먹어 보세요.
モゴ ポセヨ

魚を刺身にしてください。
물고기를 생선회로 해 주세요.
ムルコギル センソンフェロ ヘ チュセヨ

おいしい!
맛있어요.
マシッッソヨ

はいよ。
네.
ネ

人々の生活に密着した市場は、土地柄により特色があります。

ソウルの市場

600年もの伝統を誇るソウル最大級の市場「南大門市場」が有名。

プサンの市場

港町プサンは国内有数の海産物の宝庫。韓国最大の水産物市場「チャガルチ市場」が有名。

한방
ハンバン

市場ではコレもチェック
韓方を買ってみよう

市場では韓方薬も売っています。安く手に入れることができ、薬店では韓方を手軽にオーダーできます。

五味子
오미자
オミジャ

滋養強壮、下痢、咳止めなどに効果がある。お茶としても飲まれるポピュラーな韓方。

クコの実
구기자
クギジャ

体の毒素を排出してくれるほか、視力回復やアンチエイジング、美白にも効果がある。

高麗人参
고려 인삼
コリョインサム

韓方の代表格。免疫力の向上や、精力をつけるにも効果的。食欲不振にもおすすめ。

白茯苓
백복령
ペッポンニョン

精神安定、滋養強壮、鎮静作用などに効果がある。ストレスがたまりがちな人におすすめ。

常帰
당귀
タンギ

婦人病のトラブルにおもに用いられる。むくみや生理痛、腹痛、冷え性などに効果的。

日持ちしますか？

오래 가나요 ?
オレ　カナヨ
Does it keep long?

1か月もちます。

한달은 괜찮아요 .
ハンダルン　クェンチャナヨ
It keeps for a month.

一般に、韓方の販売は1升約600gから購入可能です。国内産が外国産より若干高め。日本に持ち込めないもの（植物の種や絶滅の恐れがある動植物、その加工品）もあるので、ご注意を！

数字 ➡ P.148

お役立ち単語集 WORD				
	製造日	제조일 チェジョイル	アカスリ	때밀이 テミリ
	～から	～부터 プト	スルメ	말린 오징어 マルリン　オジンオ
流通期限 ユトンキガン	～まで	～까지 カジ	韓国のり	한국 김 ハグッ　キム

スーパー、市場でおみやげ探しを楽しみましょう

日本のスーパーでもすっかりおなじみの韓国食材はおみやげにも◎。
ハングルのパッケージを解読して楽しくお買いものをしましょう。

한국 김
ハングッ キム
↓
韓国のり

韓国土産の大定番。軽くて
手ごろで美味しい！小分けパ
ックはプチギフトに最適。

고추장
コチュジャン
↓
コチュジャン

韓国料理に欠かせない甘辛
い味の味噌。辛いもの好き
の友達に。

고추 앗기름
コチュ マッキルム
↓
**トウガラシ
入りゴマ油**

ピリ辛のゴマ油かと思いき
や、ラー油に近い。冷蔵庫に
1本あると便利。

배추김치
ベチュキムチ
↓
ハクサイキムチ

小分けにされたキムチはお
みやげにぴったり。袋ごとに
分けて配ってもOK。

창자
チャンジャ
↓
チャンジャ

コリコリとした食感はやみ
つきになるおいしさ。おつま
みにぴったり。

버터 와플
ボトゥ ワップル
↓
バターワッフル

バターの香りがよいさくさく
ワッフル。ほどよい甘さがク
セになる。

スーパーなどで見かける「1+1（ワンプラスワン）」の表示は、1つ購入するともうひとつ
おまけでもらえるサービス対象品を指します。食品や雑貨など、色々な商品が対象になっ
ているので売り場で探してみましょう。

**ひとこと
フレーズ**

いくら？
얼마예요？
オルマイエヨ ↗

○○ください。
○○주세요.
○○チュセヨ

はい。
네.
ネ

5個ください。
다섯개 주세요.
タソッケ　チュセヨ

- - - - - - - - - -

100gください。
100그램 주세요.
ベックレム　チュセヨ

基本会話

グルメ

ショッピング

ビューティ

見どころ

エンタメ

ホテル

乗りもの

基本情報

単語集

人気のコンビニみやげも要チェックです。

	食品系	雑貨系
ささっと買い足したいおみやげ探しに24時間・年中無休のコンビニが便利。セット売りが多いスーパーと違って、バラ売りが多いのも嬉しいです。	・エゴマのキムチ(缶詰) ・もち入りチョコパイ ・だしの素／インスタント伝統茶	・キティのストラップ(韓国限定品) ・ヨモギ蒸しパッド ・歯のホワイトニング

깍두기
カットゥギ
↓
カクテキ

ハクサイキムチより辛さ控えめ。あげる人を選ばないダイコンキムチ。

부침가루
プチムカル
↓
チヂミの粉

外がカリッとしたチヂミを作るなら、専用の粉で。こだわりの強い友達に。

칼국수
カルクッス
↓
カルクッス

韓国風うどん。いろいろなメーカーのものを買って、食べ比べてみては？

유자차
ユジャチャ
↓
ユズ茶

甘酸っぱくておいしい。老若男女に人気。ホットでもアイスでも。

떡볶이
トッポキ
↓
トッポッキ

タレと野菜がセット。調理は簡単なので、料理が苦手な人でも大丈夫。

라면
ラミョン
↓
ラーメン

日本でもおなじみ。とろけるチーズを入れるとマイルドになる。5袋入り。

包装を頼みましょう

ひとつずつ包んでください。	하나씩 싸 주세요. ハナシッ サ チュセヨ Could you wrap these individually?	
キムチの汁がもれないように包んでください。	김치국물이 흘러 나오지 않도록 싸 주세요. キムチクンムリ フルロ ナオジ アントロッ サ チュセヨ Could you wrap so that kimchi soup won't spill.	
大きな袋に入れてください。	큰 봉투에 넣어 주세요. クン ボントゥエ ノオ チュセヨ Could you put it in the large bag?	

オーダーメイドにチャレンジしてみましょう

ちょっとハードルは高いですが、オーダーメイドに挑戦してみませんか？
日本よりも安く、自分好みのものがオーダーできるのが魅力です。

**オーダーメイドに
チャレンジしたい
ものはコチラ**

靴
구두
クドゥ

柄やリボン、高さなど
自分好みになった靴
が、オーダーできる
お店が増えている。

布
베
ベ

基本的には最初に
布を買って、そのあとに
縫製してもらう。
日本だと高額の
カーテンなどが人気。

コート
외투
ウェトゥ

革やムートンコートが人気。
日本より格安で
購入できる。

アクセサリー
액세서리
エッセソリ

シルバーやビーズなど
自分の好きなパーツを
選んで、好きな形に
作ってもらうことができる。

サイズちがいや発送
のトラブルなどもよく
あるので、オーダーす
る際はきちんと確認を
しましょう。発送の際
には問い合わせ先な
どをきちんと聞いてお
きましょう。

注文表を活用しましょう

商品名 상품명 サンプムミョン	数量 수량 スウリャン	サイズ 크기 クギ
フラットシューズ 플랫 슈즈 プルレッ シュズ	足	(__cm)
パンプス 펌프스 ポムプス	足	(__cm)
ブーツ 부츠 ブツ	足	(__cm)
コート 외투 ウェトゥ	着	(__号)
ネックレス 목걸이 モッコリ	個	(__cm)
バッグ 백 ベッ	個	__cm×__cm ×__cm

商品名 상품명 サンプムミョン	数量 수량 スウリャン	サイズ 크기 クギ
テーブルクロス 식탁보 シッタッポ	枚	__cm×__cm
ピロケース 피로 케이스 ピロ ケイス	枚	__cm×__cm
ベッドカバー 침대 커버 チムデ コボ	枚	ベッドサイズ __cm×__cm
ソファカバー 소파 커버 ソパ コボ	枚	cm× cm
カーテン 커튼 コトゥン	枚	__cm×__cm

1 デザイン・色・素材選び
お店にある既製品やサンプルから自分の好きなものを選びます。雑誌などを持ち込んでもOK。

2 採寸
サイズを測ります。出来上がったらサイズが違うということもあるのできちんと確認しながら行おう。

3 完成
商品により1日〜1カ月ほどかかります。配送する場合は、問合せ先やいつ頃になるかしっかり確認を。

オーダーしてみましょう

［　　　　　］ にしてください。　　Please make it ［　　　　　］ .

［　　　　　］ 으로 해주세요 .　［　　　　　］ ウロ ヘチュセヨ .

靴	구두 クドゥ
リボン	리본 リボン
チェック	체크 チェク
ドット	도트 ドトゥ
ヒョウ柄	표범 무늬 ピョボム ムニ
ボタン	버튼 ボトゥン
スパンコール	스팽글 スペングル
サンダル	샌들 センドゥル
アニマル柄	애니멀 무늬 エニモル ムニ
防水	방수 バンスゥ
ウエッジ	웨지 ウェジ
カジュアル	캐주얼 ケジュオル
革	가죽 カジュッ
フラット	플랫 プルレッ
ヒール	힐 ヒル
ソール	솔 ソル

アクセサリー	액세서리 エッセソリ
ネックレス	목걸이 モッコリ
ピアス	귀걸이 クゥゴリ
ブレスレット	브레이스릿 ブレイスリッ
チェーン	체인 チェイン
石	돌 トル
ビーズ	비즈 ビズ
ヒモ	끈 クン

コート	외투 ウェトゥ
牛革	쇠가죽 スェガジュッ
羊革	양가죽 ヤンガジュッ
アンゴラ	앙골라 アンゴルラ

布	베 ベ
ストレッチ	스트레치 ストゥレチ
フリル	프릴 プリル
ベルベット	벨벳 ベルベッ
サテン	새틴 セティン
ポリエステル	폴리에스테르 ポルリエステル
ストライプ	스트라이프 ストライプ
スウェード	스웨이드 スウェイドゥ
ステッチ	스티치 スティチ
不燃加工	불연 가공 プリョン カゴン
遮光	차광 チャグァン

ムートン	무톤 ムトン
フェイクレザー	페이크 레더 ベイク レド
クロコダイル	악어 アゴ

75

スパ・マッサージでリフレッシュ

海外でリフレッシュするためにはエステも欠かせませんよね。
意思をきちんと伝えられればいつも以上にリラックスができますよ。

まずは予約をしましょう

予約をお願いします。
예약을 하고 싶은데요 .
イェヤグル　ハゴ　シプンデヨ
I'd like to make an appointment.

明日午後4時に2名でお願いします。
내일 오후 4 시 2 명 부탁드립니다 .
ネイル　オフ　ネシ　トゥミョン　ブタッドゥリムニダ
For two persons, tomorrow at four o'clock, please.
数字 ➜ P.148
時間 ➜ P.150

全身マッサージを60分お願いします。
전신 마사지를 육십분 부탁합니다 .
チョンシン　マサジルル ユッシップン プタカムニダ
I'd like to have a full-body massage for sixty minutes.
時間 ➜ P.150

日本語を話せる人はいますか？
일본어를 하시는 분이 계시나요 ?
イルボノルル　ハシヌン　プニ　ケシナヨ ⤴
Is there anyone who speaks Japanese?

何時なら予約できますか？
몇시면 예약할 수 있어요 ?
ミョッシミョン イェヤカル ス イソヨ ⤴
What time can I make an appointment?

何時までにお店に着けばいいですか？
몇시까지 가게에 면 되는가요 ?
ミョッシッカジ カゲエ カミョン テヌンガヨ ⤴
What time should I be there?

日本語のメニューはありますか？
일본어로 된　메뉴는　있어요 ?
イルボノロ　デン　メニュヌン　イッソヨ ⤴
Do you have a Japanese menu?

料金表を見せてください。
요금표를 보여 주세요 .
ヨグムピョルル　ポヨ　チュセヨ
Can I see the price list?

フェイシャルはありますか？
페이셜은 있어요 ?
ペイショルン　イッソヨ ⤴
Can I have a facial?

いくらですか？
얼마입니까 ?
オルマイムニカ ⤴
How much is it?

基本会話

グルメ

ショッピング

ビューティ

見どころ

エンタメ

ホテル

乗りもの

基本情報

単語集

スパのHow toを知っておきましょう 【注意】貴重品や多額の現金持参は控えた方が無難。また、施術前後の飲酒は禁物。

1 予約を
しましょう

時間の有効活用のため
にも予約は必須。サイト
利用で割引も。

2 お店には余裕
をもって到着

遅刻で施術が短くなる
可能性が。予約の10分
前には到着を。

3 カウンセリング

受付後、カウンセリング。
当日の体調や施術内容
の確認。

4 着替えて
施術へ

施術着に着替えた後、お
風呂などで体を温め、施
術へ。

**女性セラピストが
良いです。**

여성 테라피스트가 좋아요 .
ヨソン　テラピストゥガ　　チョアヨ
I'd like a female therapist.

**同じ部屋で
受けられますか?**

같은 방에서 받을 수 있어요 ?
カトゥン　パンエソ　パドゥル　ス　イッソヨ 🔊
Can we have it in the same room?

**パックはメニューに
含まれていますか?**

팩은 메뉴에 들어 있어요 ?
ペグン　メニュエ　トゥロ　　イッソヨ 🔊
Is the facial pack included?

**男性はエステを
受けられますか?**

남성은 에스테틱을 받을 수 있어요 ?
ナムソンウン　エステティグル　パドゥル　ス　イッソヨ 🔊
Can males have a massage?

**ヨモギ蒸しは
初めてです。**

쑥 사우나는 처음이에요 .
スック　サウナヌン　チョウミエヨ
This is my first time to do mugwort steam sauna.

キャンセル・変更はコチラ

**予約を
変更したいのですが。**

예약을 변경하고 싶은데요 .
イェヤグル　ピョンキョンハゴ　シプンデヨ
I'd like to change the reservation.

**午後4時に予約したヤマダです。
予約をキャンセルしたいのですが。**

오후 4시에 예약한 야마다입니다 . 예약을 취소하고 싶은데요 .
オフ　ネシエ　イェヤカン　ヤマダイムニダ　イェヤグル　チュソハゴ　シプンデヨ
I'm Yamada that made a four o'clock reservation, but I'd like to cancel it.

時間 ➡ P.150

お役立ち単語集 WORD		明日	내일 ネイル	午後	오후 オフ
		明後日	모레 モレ	夕方	저녁 チョニョッ
今日	오늘 オヌル	午前	오전 オジョン	夜	밤 パム

スパ・マッサージでリフレッシュ

受付~施術

予約した<u>ヤマダ</u>です。	예약한 야마다입니다. イェヤカン ヤマダ イムニダ I'm Yamada, I have an appointment.
予約していませんが、 2人できますか?	예약하지 않았습니다만, 두 사람 할 수 있어요? イェヤカジ アナッスムニダマン トゥ サラム ハル ス イッソヨ ⬦ 数字⬦P.1 We didn't make an appointment but can the two of us have a massage?
トイレを 貸してください。	화장실을 빌려 주세요. ファジャンシルル ビルリョ チュセヨ May I use the restroom?
ロッカーは どこですか?	로커는 어딘가요? ロコヌン オディンガヨ ⬦ Where is the locker?
どこで脱ぎますか?	어디서 벗어요? オディソ ボソヨ ⬦ Where do I take off my clothes?

> たいてい紙パンツが置いて
> ありますが、ない場合は
> "紙パンツはありますか?"
> 종이 팬츠는 있어요?
> チョンイ ペンチュヌン イッソヨ
> と聞いてみましょう

カウンセリング表をちょこっと解説

施術の前にはカウンセリングを行います。カウンセリングでは、当日の体調や受けたいコースなどの確認をします。妊娠中やアレルギーがある場合などは、この時に伝えましょう。

最初に伝えましょう

生理中です	생리중입니다. センリジュンイムニダ	
肩こりです	어깨가 뻐근합니다. オケガ ペグンハムニダ	
妊娠しています	임신하고 있습니다. イムシンハゴ イッスムニダ	

アレルギー
具体的に何に反応するのか、発症している場合は炎症部なども伝えましょう。

肌質
自分の肌質を伝えましょう。下の表を参考に!

カウンセリング表

이름(名前):＿＿＿＿＿

생년월일(生年月日):
＿＿＿＿＿

연령(年齢):＿＿＿＿＿

알레르기(アレルギー):
　　　유(有) / 무(無)

몸상태(体調):
　　　양호(良好) / 부진(不調)

피부질(肌質):
＿＿＿＿＿

피부의 고민(肌の悩み):
＿＿＿＿＿

敏感肌	민감피부 ミンガムピブ		オイリー肌	오일리 피부 オイルリ ピブ
乾燥肌	건성피부 コンソンピブ		普通肌	보통 피부 ボトン ピブ

基本会話

グルメ

ショッピング

ビューティ

見どころ

エンタメ

ホテル

乗りもの

基本情報

単語集

気持ちよ〜くなるために覚えたいフレーズはコチラ

ここは 触らないでください。	여기는 만지지 마세요 . ヨギヌン マンジジ マセヨ Please don't touch here.
もう少し強く[弱く] してください。	조금 더 세게 [약하게] 해 주세요 . チョグム ト セゲ[ヤッカゲ] ヘ チュセヨ Could you make it stronger [weaker]?
ここは 見ないでください。	여기는 보지 마세요 . ヨギヌン ポジ マセヨ Please ignore this part here.
この香りは何ですか?	이 향기는 뭐예요 . イ ヒャンギヌン ムォイェヨ What is this scent?
ちょうどいいです。／ 痛い!	딱 맞아요 ./아파요 ! タッ マジャヨ / アパヨ It's OK. / It hurts!
リラックス したいです。	릴랙스하고 싶어요 . リルレッスハゴ シポヨ I want to get relaxed.
ちょっと気分が 悪くなりました。	몸이 이상해졌어요 . モミ イサンヘジョッソヨ I feel a little ill.
お水をください。	물을 주세요 . ムルル チュセヨ Some water, please.

終わったらひとこと

気持ち良かったです。	기분 좋았어요 . キブン チョアッソヨ It was very nice.
この化粧品は 買えますか?	이 화장품은 살 수 있어요 ? イ ファジャンプムン サル ス イッソヨ ♪ Can I buy these cosmetics?

チムジルバンを地元流に楽しみましょう

韓国エステの定番アカスリやサウナをお得にたっぷり楽しめる、
チムジルバン。充実した施設内で、一日中ゆったり過ごすのが地元流です。

まずは受付をしましょう

①受付で入場料を払う

受付で入場料を払います。館内
着、タオル、更衣室のロッカーのカ
ギを受け取って更衣室へ。

②館内着に着替える

着替えたら、タオルと必要なお金
を持ち、残りの荷物はすべてロッ
カーへ。ロッカーのカギで精算の
場合は現金不要。

2人分でいくらですか?
두 사람분은 얼마인가요?
トゥ サラムブヌン
オルマインガヨ
How much is it for
two persons?

シャンプーをください。
샴푸를 주세요.
シャムプルル チュセヨ
Could I have a shampoo?

③入浴→サウナ
あとはのんびり

温まった後は、施設が充実した館
内で自由にすごしましょう。アカ
スリをするならまずお風呂に入っ
て身体を温めてから。

④休憩のおやつは
卵とシッケが定番

チムジルバンでの定番おやつは、
汗蒸幕の熱を利用して作ったゆで
卵と、日本の甘酒のような味のシ
ッケです。

アカスリの予約をお願いします。
때밀이의 예약을 부탁합니다.
テミリエ イェヤグル ブタカムニダ
I'd like to make an appointment
for scrubbing.

シッケください。
식혜를 주세요.
シッケルル チュセヨ

卵ください。
계란을 주세요.
ケラヌル チュセヨ

基本会話

グルメ

ショッピング

ビューティ

見どころ

エンタメ

ホテル

乗りもの

基本情報

単語集

色々そろうチムジルバン

チムジルバンは、サウナや汗蒸幕以外にも色々な施設が整っています。男女別と共用のエリアがあり、売店などは共用エリアにそろっています。

チムジルバンの施設例

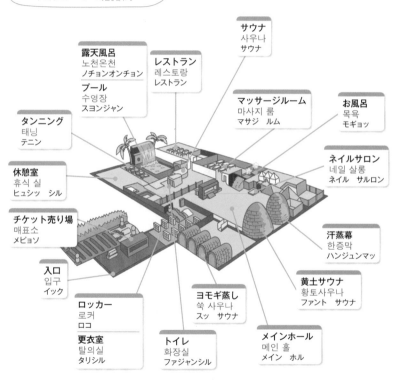

露天風呂
노천온천
ノチョンオンチョン

プール
수영장
スヨンジャン

レストラン
레스토랑
レストラン

サウナ
사우나
サウナ

マッサージルーム
마사지 룸
マサジ ルム

お風呂
목욕
モギョッ

タンニング
태닝
テニン

休憩室
휴식 실
ヒュシッ シル

ネイルサロン
네일 살롱
ネイル サルロン

チケット売り場
매표소
メピョソ

汗蒸幕
한증막
ハンジュンマッ

入口
입구
イック

ロッカー
로커
ロコ

更衣室
탈의실
タリシル

トイレ
화장실
ファジャンシル

ヨモギ蒸し
쑥 사우나
スッ サウナ

黄土サウナ
황토사우나
ファント サウナ

メインホール
메인 홀
メイン ホル

（※チムジルバンはお店によって作りや施設が異なります。）

したいです。

　　　　　 　 LOOK

□□□□ したいです。

□□□□ 하고 싶어요 .

□□□□ ハゴ　シポヨ

I'd like to do □□□□ .

施術
시술
シスル

때밀이
テミリ

❶【アカスリ】

한증막
ハンジュンマッ

❶【汗蒸幕】

부황
ブハン

❶【カッピング】

스톤
ストン

❶【ストーン】

골기 마사지
コルギ　マサジ

❶【骨気マッサージ】

화주
ファジュ

❶【火酒】

이어캔들
イオケンドル

❶【イヤーキャンドル】

네일
ネイル

❶【ネイル】

아트 메이크
アトゥ　メイク

❶【アートメイク】

발 경혈
バル　キョンヒョル

❶【足ツボ】

약초
핫팩
ヤッチョ
ハッペッ

❶【薬草ホットパック】

접시 마사지
チョッシ　マサジ

❶【皿マッサージ】

마사지 볼
マサジ　ボル

❶【マッサージボール】

전신 마사지
チョンシン　マサジ

❶【全身マッサージ】

페이셜
ペイショル

❶【フェイシャル】

핸드 마사지
ヘンドゥ　マサジ

❶【ハンドマッサージ】

발 마사지
バル　マサジ

❶【フットマッサージ】

석고 팩
ソッコ　ペッ

❶【石膏パック】

파라핀 팩
パラピン　ペッ

❶【パラフィンパック】

경락 마사지
キョンナッ　マサジ

❶【経絡マッサージ】

스포츠 마사지
スポツ　マサジ

❶【スポーツマッサージ】

헤드 스파
ヘドゥ　スパ

❶【ヘッドスパ】

각질제거
カッチルジェゴ

❶【角質除去】

아로마 마사지
アロマ　マサジ

❶【アロママッサージ】

림프 마사지
リムプ　マサジ

❶【リンパマッサージ】

타이 마사지
タイ　マサジ

❶【タイマッサージ】

족탕
チョッタン

❶【足湯】

82

基本会話

グルメ

ショッピング

ビューティ

見どころ

エンタメ

ホテル

乗りもの

基本情報

単語集

한방 에스테틱 ハンバン エステティッ ❶【韓方エステ】	장 테라피 チャン テラピ ❶【腸セラピー】	골반 교정 コルバン キョジョン ❶【骨盤矯正】	솜털 뺌 ソムトル ベム ❶【うぶ毛ぬき】
미백 ミベッ ❶【美白】	작은 얼굴 마사지 チャグン オルグル マサジ ❶【小顔マッサージ】	리프팅 リフティン ❶【リフティング】	에어 마사지 エオ マサジ ❶【エアマッサージ】
복부 마사지 ポップ マサジ ❶【腹部マッサージ】	데콜테 마사지 デコルテ マサジ ❶【デコルテマッサージ】	오일 마사지 オイル マサジ ❶【オイルマッサージ】	오이 팩 オイ ベッ ❶【きゅうりパック】
골드 팩 ゴルドゥ ベッ ❶【ゴールドパック】	진주 팩 ジンジュ ベッ ❶【真珠パック】	해초 팩 ヘチョ ベッ ❶【海藻パック】	진흙 팩 チンフッ ベッ ❶【泥パック】
모공 케어 モゴン ケオ ❶【毛穴ケア】	스팀 케어 スティム ケオ ❶【スチームケア】	지압 チアッ ❶【指圧】	클렌징 クルレンジン ❶【クレンジング】

LOOK

□□□□ どこですか?

□□□□ 어딘가요 ?

□□□□ オディンガヨ ❶
Where is □□□□ ?

施設
시설
シソル

안내
アンネ

❶【案内】

탈의실 タリシル ❶【更衣室】	로커 ロコ ❶【ロッカー】	트리트먼트 룸 トゥリトゥモントゥ ルム ❶【トリートメントルーム】	휴식 실 ヒュシッ シル ❶【休憩室】
수면실 スミョンシル ❶【仮眠室】	PC 실 ピシシル ❶【PC室】	DVD 룸 DVD ルム ❶【DVDルーム】	샤워 シャウォ ❶【シャワー】 흡연실 フビョンシル ❶【喫煙室】

ネイルサロンで指先まで整えましょう

最後の仕上げはネイルサロンへ。
旅の思い出になるすてきなデザインを楽しみましょう

Gorgeous!

大胆な色を
選んでもステキ

cool!

Cute!

くまさんも
かわいい!

まずは予約をしましょう

ネイルの予約を お願いします。	네일예약을 하고 싶은데요. ネイルイェヤグル ハゴ シプンデヨ I'd like to make a nail appointment.
どんなコースが ありますか?	코스는 어떤 것이 있어요? コスヌン オトン コシ イッソヨ🔊 What kind of packages do you have?
ジェルネイルを お願いします。	젤네일로 부탁해요. チェルネイルロ プタケヨ I'd like to have gel nails done.
ジェルネイルのオフか らお願いできますか?	젤네일 오프로부터 해줄 수 있어요? チェルネイル オプロブト ヘジュル ス イッソヨ🔊 I'd like to remove gel nails first.

ネイルに磨きをかけましょう

手と足を お願いします。	손과 발을 부탁해요. ソンクァ パルル プタケヨ I'd like a manicure and pedicure.
デザイン見本を 見せてください。	디자인 견본을 보여 주세요. ティジャイン キョンボヌル ポヨ チュセヨ Could I see the design samples?
色の種類を 見せてください。	색의 종류를 보여 주세요. セゲ チョンニュルル ポヨ チュセヨ Could I see the color variations?

このデザイン [色] に してください。	이 디자인으로 [색으로] 해 주세요. イ ディジャイヌロ　　[セグロ]　　ヘ チュセヨ This design[color], please.
爪は今より短く しないでください。	손톱은 지금보다 짧지 않도록 해 주세요. ソントブン チグムボダ チャルチ アントロッ ヘ チュセヨ Don't make the nails any shorter.
爪を短く してください。	손톱을 짧게 해 주세요. ソントブル チャルケ ヘ チュセヨ Cut my nails short, please.
爪の形はラウンドに してください。	손톱모양은 라운드로 해 주세요. ソントッモヤンウン ラウンドゥロ ヘ チュセヨ Could you round my nails out?
爪が割れやすいので 注意してください。	손톱이 잘 깨지니 조심해 주세요. ソントビ チャル ケジニ チョシメ チュセヨ Please be careful because my nails are fragile.
この指にラインストー ンを使ってください。	이 손가락에 라인스톤을 써 주세요. イ ソンカラゲ ラインストヌル ソ チュセヨ Could you apply rhinestones to this nail?
この指は やり直してください。	이 손가락은 다시 해줘요. イ ソンカラグン タシ ヘジォヨ Could you do this nail again?
マニキュアが乾くのに 何分かかりますか?	매니큐어가 말을 때까지 몇분　걸려요. メニキュオガ マルル テカジ ミョップン コルリョヨ How long does it take for the manicure to dry?

街歩き＆観光もかかせません

世界遺産にも登録されている伝統的な建造物や文化施設、ロケ地など、
韓国には見どころがいっぱい。さあ、街歩き＆観光に出かけましょう。

道をたずねるフレーズはコチラ

ちょっと お尋ねします。	좀 물어보겠습니다 . チョム　ムロボゲッスムニダ Excuse me.
N ソウル・タワーへ 行きたいのですが。	N 서울 타워에 가고 싶은 데요 . N ソウル　タウォエ　カゴ　シブン　デヨ I want to go to N Seoul Tower. 観光地 ➡ P.94
右に曲がると左手に ありますよ。	사거리에서 오른쪽으로 가시면 길 왼쪽에 있어요 . サゴリエソ　　　オルンチョグロ　カシミョン　キル　ウェンチョゲ　イソヨ Turn right and you'll find it on your left.
私に ついてきてください。	제가 안내해 드리겠습니다 . チェガ　アンネヘ　トゥリゲッスムニダ Follow me, please.
この住所に 行きたいのですが。	이 주소로 가고 싶은데요 . イ　チュソロ　カゴ　シブンデヨ I'd like to go to this address.
この地図で どこですか?	이 지도에서 어디쯤인가요 ? イ　チドエソ　　　オディチュミンガヨ ♪ Where is it on this map?
道に迷って しまいました。	길을 잃어 버렸어요 . キルル　イロ　ポリョッソヨ I'm lost.
ここはどこですか?	여기는 어디입니까 ? ヨギヌン　オディイムニカ ♪ Where am I?
ここは何通りですか?	거리 이름이 뭔가요 ? コリ　イルミ　　モンガヨ ♪ What street is this?
一番近い駅は どこですか?	가장 가까운 역은 어디인가요 ? カジャン　カッカウン　ヨグン　オディインガヨ ♪ Where is the nearest station?

基本会話

グルメ

ショッピング

ビューティ

見どころ

エンタメ

ホテル

乗りもの

基本情報

単語集

あの～すみません～。
저기요.
チョギヨ

ありがとうございました。
감사합니다.
カムサハムニダ

道をたずねる時に使える単語

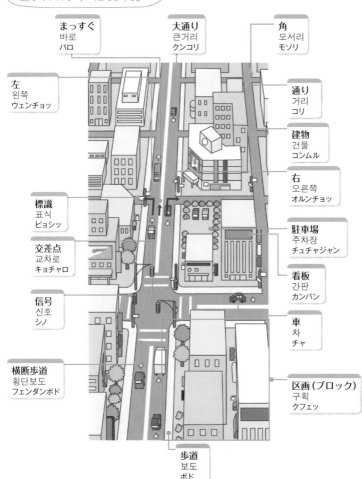

まっすぐ
바로
パロ

大通り
큰거리
クンコリ

角
모서리
モソリ

左
왼쪽
ウェンチョッ

通り
거리
コリ

建物
건물
コンムル

右
오른쪽
オルンチョッ

標識
표식
ピョシッ

駐車場
주차장
チュチャジャン

交差点
교차로
キョチャロ

看板
간판
カンバン

信号
신호
シノ

車
차
チャ

横断歩道
횡단보도
フェンダンボド

区画（ブロック）
구획
クフェッ

歩道
보도
ボド

87

街歩き&観光もかかせません

観光地や美術館で

景福宮は今日 開いていますか?	경복궁은 오늘 열려 있습니까 ? キョンボックンウン オヌル ヨルリョ イッスムニカ 🎵 Is Gyeongbokgung open today?

観光地 ➡ P.94

開いています。/ 休みです。	열려있습니다 . / 휴일입니다 . ヨルリョイッスムニダ　ヒュイリムニダ Yes, it is. / No, it isn't.

入場料は いくらですか?	입장료는 얼마인가요 ? イッチャンニョヌン オルマインガヨ 🎵 How much is the entrance fee?

1人3000ウォン です。	1인당 3000 원입니다 . イリンダン　サムチョノニムニダ 3000 won per a person.

数字 ➡ P.148

大人2人 お願いします。	어른 둘이에요 . オルン　トゥリエヨ Two adults, please.

数字 ➡ P.148

何時まで 開いていますか?	몇 시까지 하나요 ? ミョッ シカジ ハナヨ 🎵 How late are you open?

日本語のパンフレット はありますか?	일본어 팜플렛 있나요 ? イルボノ　パムプルレッ インナヨ 🎵 Do you have a Japanese brochure?

荷物を預かって もらえますか?	짐 좀 맡길 수 있나요 ? チム チョム マッキル ス インナヨ 🎵 Could you keep my luggage?

ここはどんなものを 展示していますか?	여기는 어떤 박물관인가요 ? ヨギヌン　オトン　パンムルグァニンガヨ 🎵 What do you show here?

有名な作品は ありますか?	유명한 작품은 있나요 ? ユミョンハン チャップムン インナヨ 🎵 Is there a famous piece?

館内ツアーは 何時からですか?	관내 투어는 몇 시에 시작되나요 ? クァンネ トゥオヌン ミョッ シエ シジャッテナヨ 🎵 What time does the guided tour start?

あの建物はなんという名前ですか？	저 건물 이름이 뭔가요？ チョ コンムル イルミ ムオンガヨ ♪ What is the name of that building?
内部は見学できますか？	안을 들여다 봐도 되나요？ アヌル トゥリョダ ブァド デナヨ ♪ Can I see inside?
入ってもいいですか？	들어가도 되나요？ トゥロガド デナヨ ♪ Can I go in?
出口［入口／非常口］はどこですか？	출구［입구 / 비상구］는 어디인가요？ チュルグ［イック / ビサング］ヌン オディインガヨ ♪ Where is the exit [entrance / emergency exit]?
一番近いトイレはどこですか？	가장 가까운 화장실은 어디인가요？ カジャン カッカウン ファジャンシルン オディインガヨ ♪ Where is the nearest restroom?
写真を撮ってもらえますか？	사진을 찍어 주실래요？ サジヌル チゴ チュシルレヨ ♪ Could you take our picture?
（シャッターボタンを指して）ここを押してください。	여기를 누르면 됩니다. ヨギルル ヌルミョン テムニダ Press this, please.
写真［ビデオ］を撮ってもいいですか？	사진을［비디오를］찍어도 될까요？ サジヌル［ビディオルル］チゴド デルカヨ ♪ Can I take a picture[video]?
フラッシュをたいてもいいですか？	플래시를 터뜨려도 되나요？ プルレシルル トゥリョド デナヨ ♪ Can I use flash?
何時ごろからライトアップされますか？	몇실쯤부터 라이트업돼요？ ミョッシッチュムブト ライトゥオプテヨ ♪ What time does the illumination go on?

お役立ち単語集 WORD

開館［閉館］時間	개관［폐관］시간 ケグァン［ペグァン］シガン
撮影禁止	촬영 금지 チャリョン クムジ
フラッシュ禁止	플래시 금지 プルレシ クムジ
スケッチ禁止	스케치 금지 スケチ クムジ
立ち入り禁止	출입 금지 チュリッ クムジ
関係者以外立ち入り禁止	관계자 외 출입금지 クァンゲジャウェ チュリックムジ
資料室	자료실 チャリョシル

街歩き&観光もかかせません

観光案内所を利用しましょう

観光案内所は どこですか?	관광안내소는 어디인가요? クァンガンアンネソヌン オディインガヨ🔊 Where is the tourist information center?
無料の地図は ありますか?	이 지역 무료 지도를 얻을 수 있나요? イ チヨッ ムリョ チドゥルル オドゥルル ス インナヨ🔊 Do you have a free map?
観光パンフレットを ください。	관광 팜플렛 좀 얻을 수 있나요? クァングァン パムプルレッ チョム オドゥルル ス インナヨ🔊 Could I have a sightseeing brochure?
日本語版は ありますか?	일본어로 된 것도 있나요? イルボノロ デン コット インナヨ🔊 Do you have one in Japanese?
この街の見どころを 教えてください。	가볼 만한 곳을 가르쳐 주시겠어요? カボル マナン コスル カルチョ チュシゲッソヨ🔊 Could you recommend some interesting places?
日帰りで行けるところ を教えてください。	당일여행으로 갈 수 있는 곳을 소개해 주세요. タンイルヨヘンウロ カルス インヌン コスル ソゲへ チュセヨ Are there any places for a day trip?
景色がきれいな ところはどこですか?	경치가 좋은 곳은 어디인가요? キョンチガ チョウン コスン オディインガヨ🔊 Which place has nice view?
そこは今日 開いていますか?	그곳은 오늘 열려 있나요? クゴスン オヌル ヨルリョ インナヨ🔊 Is it open today?
休みの日は いつですか?	휴일은 언제인가요? ヒュイルン オンジェインガヨ🔊 When do they close?
火曜日です。/ 無休です。	화요일입니다. / 무휴입니다. ファヨイリムニダ　　ムヒュイムニダ Tuesday. / They are open every day.　　　曜日⇒P.149
清渓川でスプリングを 見たいのですが。	청계천에서 스프링을 보고 싶은데요. チョンゲチョネソ スプリンウル ポゴ シプンデヨ I'd like to see Spring in Cheonggyecheon.　　観光地⇒P.94

90

基本会話

グルメ

ショッピング

ビューティ

見どころ

エンタメ

ホテル

乗りもの

基本情報

単語集

歩いてそこまで 行けますか？	걸어서 갈수 있나요 ? コロソ　カルス　インナヨ🔊 Can I go there on foot?
ここから遠いですか？	여기에서 먼가요 ? ヨギエソ　　モンガヨ🔊 Is it far from here?
近いです。／ バスで10分です。	가깝습니다 . / 버스로 10분 정도 걸립니다 . カッカッスムニダ　　ボスロ　シップン　チョンド　コルリムニダ It is near from here. / It is ten minutes by bus.　数字➡P.148
ここから歩いて 何分かかりますか？	여기에서 걸어서 몇분　걸릴까요 ? ヨギエソ　　コロソ　ミョップン　コルリルカヨ🔊 How long will it take to walk from here?
行き方を 教えてください。	어떻게 가야 돼요 ? オトゥッケ　カヤ　デヨ🔊 Could you tell me how to get there?
地下鉄で行けますか？	지하철로 갈 수 있나요 ? チハチョルロ　カル　ス　インナヨ🔊 Can I get there by subway?
この地図で 教えてください。	이 지도로 가르쳐 주시겠어요 ? イ　チドロ　　カルチョ　チュシゲッソヨ🔊 Could you tell me on this map?
何か 目印はありますか？	뭔가　눈에 띄는　것이 있나요 ? ムォンガ　ヌネ　ティヌン　コシ　インナヨ🔊 Are there any signs?
この近くに案内所 [交番]はありますか？	이 근처에 안내소 [파출소]는 있나요 ? イ　コンチョエ　アンネソ [パチュルソ]ヌン　インナヨ🔊 Is there an information center[police station] near here?
（聞き取れなかったとき） もう一度お願いします。	한번　더 말씀해 주세요 . ハンボン　ト　マルスムヘ　チュセヨ Could you repeat it again?
略図を書いて いただけますか？	약도를　그려줄 수　있습니까 ? ヤットルル　クリョチュル　ス　イッスムニカ🔊 Could you draw me a map?
この近くに公衆電話 はありませんか？	이 근처에 공중전화는 있습니까 ? イ　コンチョエ　コンジュンジョナヌン　イッスムニカ🔊 Is there a pay phone near here?

街歩き＆観光もかかせません

ツアーやチャーターカーで出かけましょう

ツアーに申し込みたいのですが。	투어를 신청하고 싶은데요. トゥオルル シンチョンハゴ シプンデヨ	I'd like to take a sightseeing tour.
ツアーのパンフレットはありますか？	투어 팜플렛이 있나요？ トゥオ パムプルレシ インナヨ	Do you have a tour brochure?
おすすめのツアーを教えてください。	인기있는 투어를 소개해 주세요. インキインヌン トゥオルル ソゲヘ チュセヨ	Could you recommend some popular tours?
ドラマのロケ地をまわるツアーはありますか？	드라마 로케지를 방문하는 투어가 있나요？ トゥラマ ロケジルル パンムナヌン トゥオガ インナヨ	Is there a tour that visits the location used in dramas?
ツアーは何時間かかりますか？	투어는 얼마나 시간이 걸립니까？ トゥオヌン オルマナ シガニ コルリムニカ	How long is the tour?
出発は何時ですか？	언제 출발하나요？ オンジェ チュルバラナヨ	What time does it leave?
何時に戻りますか？	언제 돌아오나요？ オンジェ トラオナヨ	What time do we come back?
どこから出発しますか？	어디에서 출발하나요？ オディエソ チュルバラナヨ	Where do we leave from?
食事は付いていますか？	식사는 딸려 있나요？ シッサヌン タルリョ インナヨ	Are meals included?
料金はいくらですか？	얼마인가요？ オルマインガヨ	How much is it?
これに申し込みます。	이걸로 할게요. イゴロ ハルケヨ	I'll take this.

| 何人で
申し込みますか？ | 몇명 신청하십니까？
ミョンミョン　シンチョンハシムニカ ♪
For how many people? |

| 大人2人と
子ども1人です。 | 어른 두명, 아이 한명이에요.
オルン　トゥミョン　アイ　ハンミョンイエヨ
Two adults and one child.　数字→P.148 |

| 何時にここに戻って
くればいいですか？ | 언제까지 돌아와야 하나요？
オンジェカジ　トラワヤ　ハナヨ ♪
By what time should I be back here？ |

| あとどのくらいで
着きますか？ | 어느 정도 걸리나요？
オヌ　チョンド　コルリナヨ ♪
How long does it take to get there？ |

| チャーターカーを
頼みたいのですが。 | 챠터카를 부탁하고 싶은데요.
チャトカルル　ブタカゴ　シブンデヨ
I'd like a charter car. |

| ドライバーは
日本語ができますか？ | 운전사는 일본어를 할 수 있나요？
ウンジョンサヌン　イルボノルル　ハル　ス　インナヨ ♪
Does the driver speak Japanese？ |

| どんなコースが
ありますか？ | 어떤 코스가 있나요？
オトン　コスガ　インナヨ ♪
What kind of courses do you have？ |

| 水原華城に行きたいので
すが何時間かかりますか？ | 수원화성으로 가고 싶은데 시간은 어느 정도 걸립니까？
スウォナソンウロ　カゴ　シブンデ シガヌン　オヌ　チョンド コルリムニカ ♪
How long will it take to get to Hwaseong Fortress？　観光地→P.94 |

| ホテルまでの送迎は
ありますか？ | 호텔까지 송영은 있습니까？
ホテルカジ　ソンヨンウン　イッスムニカ ♪
Do you have a courtesy bus to the hotel？ |

| 待ち合わせ場所と時
間を教えてください。 | 만나는 장소와 시간을 가르쳐 주세요.
マンナヌン　チャンソワ　シガヌル　カルチョ　チュセヨ
Where and when should we meet？ |

| 時間の延長は
できますか？ | 시간은 연장할 수 있습니까？
シガヌン　ヨンジャンハル　ス　イッスムニカ ♪
Can I extend？ |

| 5人乗車できる車で
お願いします。 | 다섯 사람 탈 수 있는 차를 부탁합니다.
タソッ　サラム　タル　ス　イッヌン　チャルル　ブタッカムニダ
Could you arrange a car for five passengers？　数字→P.148 |

基本会話
グルメ
ショッピング
ビューティ
見どころ
エンタメ
ホテル
乗りもの
基本情報
単語集

93

LOOK

<table type="form">

に行きたいのですが。
に 가고 싶은데요 .
エ　カゴ　シブンデヨ
I'd like to go to _____ .

</table>

観光地
관광지
クァングァンジ

창덕궁
チャンドックン

❶【昌徳宮】

종묘
チョンミョ

❶【宗廟】

조선왕릉군
チョソンワンヌングン

❶【朝鮮王陵群】

강화도 지석묘
カンファド　ジソンミョ

❶【江華島支石墓】

수원화성
スウォンファソン

❶【水原華城】

경복궁
キョンボックン

❶【景福宮】

창경궁
チャンギョングン

❶【昌慶宮】

덕수궁
トッスグン

❶【徳寿宮】

경희궁
キョンヒグン

❶【慶熙宮】

삼청각
サムチョンガッ

❶【三清閣】

청와대
チョンワデ

❶【青瓦台】

광화문광장
クァンファムングァンジャン

❶【光化門広場】

북촌한옥마을
ブクチョンハノンマウル
❶【北村韓屋村】

남산골한옥마을
ナムサンゴル　ハノンマウル
❶【南山コル韓屋村】

국립고궁박물관
クンニッコグンバンムルグァン
❶【国立古宮博物館】

국립중앙박물관
クンニッジュンアンバンムルグァン
❶【国立中央博物館】

국립민속박물관
クンニッミンソッバンムルグァン
❶【国立民俗博物館】

세종대왕기념관
セジョンデワンキニョムグァン
❶【世宗大王記念館】

한국의 집
ハングゲ　ジッ
❶【コリアハウス】

서울역사박물관
ソウリョッサバンムルグァン
❶【ソウル歴史博物館】

63빌딩
ユクサムビルディン
❶【63ビル】

상상
마당
サンサン
マダン

ⓙ【サンサンマダン】

코엑스몰
コエックスモル

ⓙ【コエックス・モール】

롯데월드
ロッテウォルドゥ

ⓙ【ロッテワールド】

명동
성당
ミョンド
ンソンダ
ン

ⓙ【明洞聖堂】

N 서울
타워
エヌソウ
ルタウォ

ⓙ【Nソウルタワー】

청계천
チョンゲチョン

ⓙ【清渓川】

한강
ハンガン

ⓙ【漢江】

반포대교
バンポデギョ

ⓙ【盤浦大橋】

뚝섬한강공원
トゥッソムハンガンゴンウォン

ⓙ【トゥッソム漢江公園】

플로팅 아일랜드
プルロティン アイルレンドゥ

ⓙ【フローティング・アイランド】

한국민속촌
ハングッミンソッチョン

ⓙ【韓国民俗村】

판문점
バンムンジョム

ⓙ【板門店】

이천
イチョン

ⓙ【利川】

용두산공원
ヨンドゥサンゴンウォン

ⓙ【龍頭山公園】

불국사와 석굴암
プルグッサワ　ソックラン

ⓙ【仏国寺と石窟庵】

경주역사지구
キョンジュヨッサジグ

ⓙ【慶州歴史地区】

해인사
ヘインサ

ⓙ【海印寺】

제주도의 화산도와 용암동굴군
チェジュドエ ファサンドワ ヨンアムドングルグン

ⓙ【済州島の火山島と溶岩洞窟群】

경주 양동마을
キョンジュ　ヤンドンマウル

ⓙ【慶州良洞村】

에버랜드
エボレンドゥ

ⓙ【エバーランド】

용인대장금파크
ヨンインタエジャンジャムパク

ⓙ【龍仁大長今パーク】

동대문역사문화공원
トンデムン ヨッサムナゴンウォン
ⓙ【東大門歴史文化公園】

동대문디자인 플라자
トンデムン ティジャイン プラジャ
ⓙ【東大門デザイン・プラザ】

종가김치 월드
チョンガキムチ ウォルドゥ
ⓙ【宗家キムチワールド】

에브리씽
エブリシン
ⓙ【エブリシング】

마로니에 공원
マロニエコンウォン
ⓙ【マロニエ公園】

테디베어뮤지엄
テディベオミュジオム
ⓙ【テディ・ベア・ミュージアム】

올림픽공원
オルリンピッコンウォン
ⓙ【オリンピック公園】

국립중앙박물관
クンニッチュンアンバンムルグァン
ⓙ【国立中央博物館】

LOOK

	どこですか？
	어디예요?
	オディエヨ ♪
Where is	?

スポットなど
명소
ミョンソ

궁전
クンジョン
❶【宮殿】

미술관
ミスルグァン
❶【美術館】

박물관
パンムルグァン
❶【博物館】

교회
キョフェ
❶【教会】

절
チョル
❶【寺】

유원지
ユウォンジ
❶【遊園地】

수족관
スジョックァン
❶【水族館】

시장
シジャン
❶【市場】

극장
クッチャン
❶【劇場】

타워
タウォ
❶【タワー】

공원
コンウォン
❶【公園】

다리
タリ
❶【橋】

분수
ブンス
❶【噴水】

전망대
チョンマンデ
❶【展望台】

로프웨이
ロプウェイ
❶【ロープウェー】

해안
ヘアン
❶【海岸】

하천
ハチョン
❶【河川】

케이블카
ケイブルカ
❶【ケーブルカー】

유람선
ユラムソン
❶【遊覧船】

산
サン
❶【山】

숲
スッ
❶【森】

카지노
カジノ
❶【カジノ】

촬영지
チャリョンジ
❶【ロケ地】

방송국
パンソングッ
❶【放送局】

연예 기획사
ヨネ キフェッサ
❶【芸能事務所】

LOOK

＿＿＿＿ 探しています。

＿＿＿＿ 찾습니다

＿＿＿＿ チャッスムニダ

I'm looking for ＿＿＿＿ .

화장실 ファジャンシル ❶【トイレ】	파출소 パチュルソ ❶【交番】

역 ヨッ ❶【駅】	지하철 チハチョル ❶【地下鉄】	철도 チョルト ❶【鉄道】	버스 정류장 ボス チョンニ ュジャン ❶【バス停】
택시 승강장 テクシ スンガンジャン ❶【タクシー乗り場】	선착장 ソンチャッジャン ❶【船着き場】	안내소 アンネソ ❶【案内所】	환전소 ファンジョンソ ❶【両替所】
공중 전화 コンジュ ン ジョナ ❶【公衆電話】	우체국 ウチェグッ ❶【郵便局】	포스트 ポストゥ ❶【ポスト】	ATM ATM ❶【ATM】
특산물점 トゥッサンムルジョム ❶【土産物店】	슈퍼마켓 シュポマケッ ❶【スーパーマーケット】	식료품점 シンニョプムジョム ❶【食料品店】	은행 ウネン ❶【銀行】
술집 スルチッ ❶【酒屋】	잡화점 チャパジョム ❶【雑貨屋】	약방 ヤッパン ❶【薬局】	호텔 ホテル ❶【ホテル】
편의점 ピョニジョム ❶【コンビニエンスストア】	영화관 ヨンファグァン ❶【映画館】	라이브하으스 ライブハウス ❶【ライブハウス】	책방 チェッパン ❶【本屋】
카페 カペ ❶【カフェ】	빵집 パンジッ ❶【パン屋】	인터넷 카페 イントネッ カペ ❶【インターネットカフェ】	와이파이스폿 ワイパイスポッ ❶【WiFi スポット】

韓国の壮大な世界遺産を訪れましょう

韓国の世界遺産は、文化遺産と済州の自然遺産があります。
歴史ある王宮を訪ねれば、古き栄華の時代に思いをはせることができますよ。

昌徳宮
창덕궁／チャンドックン

ソウル市内にある世界遺産のひとつ。1405年に朝鮮王朝3代太宗によって建立されました。幾度も火災に見舞われましたが、もっとも長く政務がとられた王宮です。ほかの王宮と比べて保存状態がよく、四季折々の自然と融合した姿はソウル随一の観光スポットです。

敦化門：昌徳宮の正門。1412年に建てられ、1609年に再建された。現在残っている宮殿の正門のうち、もっとも歴史が古い。

錦川橋：約600年前に造られた韓国最古の石橋。

仁政殿：昌徳宮の正殿。王の即位式や外国使臣の接見などが行われた。

大造殿：王と王妃の寝殿。室内の一部は洋式で華やかな家具が見える。

不老門：王の長寿を願って建てられた。この門をくぐると長生きすると言われる。

朝鮮王陵40基
조선왕릉40기／チョソンワンヌンサシッキ

ソウル近郊の緑豊かな地に造られた、朝鮮王国の建国から滅亡までの27人の王と王妃及び、追尊された王と王妃の墓です。王朝の墓すべてが良好な状態で保存されているのは、世界的にも珍しいんです。

ハイキング感覚で回れる「東九陵」、ハングルを作った世宗大王が眠る「英陵」などもおすすめです。

宣陵：第9代王成宗の墓。

特に昌徳宮は見ごたえがあるので、たっぷり時間をとってくださいね。

韓国の世界遺産は必見です
韓国には約10の世界遺産があり、そのうち数ヶ所ソウル近郊にあります。ピクニック気分で訪れてもいいですね。韓国の歴史ドラマのロケ地になっているところもありますよ。

宗廟
종묘／チョンミョ

1395年に、李成桂が王朝を開いた際に建立されました。歴代の王と王妃が眠る正殿と永寧殿は、王位の永続を象徴しています。華美な装飾を省いた荘厳で神聖な空間が体感できますよ。

望廟楼：祭祀の際に王が休んだり、先王の業績を振り返ったりするための場所。

恭愍王神堂：恭愍王とその王妃を描いた影像が奉安されている。

正殿：歴代の王の中でも徳の高い王と王妃が祀られている。水平の屋根は無限の象徴。

永寧殿：追尊または悪政を行ったとされる王などが祀られている。

御粛室：祭祀を行う前日に王が沐浴で衣服を清め、祭礼の準備をした場所。

水原華城
수원화성／スウォンファソン

1794年、第22代王正祖が築いた城。西洋式の建築技術が取り入れられている。

江華島支石墓群
강화도지석묘군／カンファドジソンミョグン

江華島にある青銅器時代の古墳のひとつ。

チケットを買って公演を観に行きましょう

旅の楽しみの1つは、本場のエンターテインメントに触れることです。
さあ、チケットを予約して、劇場へ向かいましょう。

劇場窓口～会場

ここでチケットの予約はできますか？	여기서 티켓 예약을 할 수 있습니까 ? ヨギソ　ティケッ　イェヤグル　ハル　ス　イッスムニカ Can I reserve a ticket here?
今晩、何かコンサートはありませんか？	오늘 밤 콘서트는 있습니까 ? オヌル　バム　コンソトゥヌン　イッスムニカ Is there a concert tonight?
今日のプログラムは何ですか？	오늘 프로그램은 무엇입니까 ? オヌル　プログレムン　ムオシムニカ What is today's program?
誰が出演しますか？	누가 출연합니까 ? ヌガ　チュリョナムニカ Who is performing today?
まだチケットは手に入りますか？	아직 표는 구할 수 있습니까 ? アジッ　ピョヌン　クハルス　イッスムニカ Are the tickets still available?
何名様ですか？	몇 분입니까 ? ミョッ　プニムニカ For how many persons?
大人2名と子ども1名です。	어른 두명 , 아이 한명이에요 . オルン　トゥミョン　アイ　ハンミョンイエヨ Two adults and a child.　　数字 P.148
別々の席でもかまいません。	자리가 떨어져 있어도 괜찮아요 . チャリガ　トロジョ　イッソド　クェンチャナヨ We can sit separately.
並びの席がいいです。	같이 있는 자리가 좋아요 . カチ　インヌン　チャリガ　チョアヨ We want the seats next to each other.
一番高い [安い] 席はいくらですか？	가장 비싼 [싼] 자리는 얼마입니까 ? カジャン　ビサン [サン] チャリヌン　オルマイムニカ How much is the most expensive [cheapest] seat?

基本会話

グルメ

ショッピング

ビューティ

見どころ

エンタメ

ホテル

乗りもの

基本情報

単語集

開演［終演］は何時ですか？	공연 시작 [종연] 은 몇 시입니까 ?
	コンヨン　シジャグ［チョンヨヌ］ン　ミョッ　シイムニカ 🎵
	What time does it start [end]?

一番近いトイレはどこですか？	가장 가까운 화장실은 어디인가요 ?
	カジャン　カッカウン　ファジャンシルン　オディインガヨ 🎵
	Where is the nearest restroom?

（チケットを見せながら）席に案内してください。	자리를 안내해 주세요 .
	チャリルル　アンネヘ　チュセヨ
	Could you take me to the seat, please?

劇場の構造

6階センターボックス席
6층 센터 박스석
ユッチュン セント パッスソッ

5階正面席
5층 정면 석
オチュン チョンミョン ソッ

5階サイドボックス席
5층 사이드 박스석
オチュン サイドゥ パッスソッ

特別席
특별석
トゥッピョルソッ

4階センターボックス席
4층 센터 박스석
サチュン セント パッスソッ

4階サイドボックス席
4층 사이드 박스석
サチュン サイドゥ パッスソッ

3階センターボックス席
3층 센터 박스석
サムチュン セント パッスソッ

3階サイドボックス席
3층 사이드 박스석
サムチュン サイドゥ パッスソッ

2階サイドボックス席
2층 사이드 박스석
イチュン サイドゥ パッスソッ

2階センターボックス席
2층 센터 박스석
イチュン セント パッスソッ

1階席
1층 석
イルチュン ソッ

オーケストラピット
오케스트라 피트
オケストゥラ ピトゥ

バルコニー席
발코니 석
パルコニ ソッ

お役立ち単語集 WORD	（劇場の）チケット売り場	티켓판매소 ティケッパンメソ	昼の部	낮 공연 ナッコンヨン
	当日券	당일권 タンイルクォン	夜の部	밤 공연 パムコンヨン
コンサート	콘서트 コンソトゥ	前売り券	예매권 イェメクォン	売り切れ	매진 メジン
演劇	연극 ヨングッ	指定席	지정석 チジョンソッ	大人	어른 オルン
ダンス	댄스 デンス	自由席	자유석 チャユソッ	子ども	아이 アイ

韓国好きのあなたのためのコミュニケーション

韓国が好きなのは、推しが住んでいる国だから♥
そんなエンタメ好き女子たちのための、「推し旅」満喫フレーズ集です。

街で推しに会ったら？

あなたのファンです。	당신의 팬입니다. タンシネ ペニムニダ I'm your fan.
あなたの大ファンなんです♥	당신의 열렬한 팬입니다♥ タンシネ ヨルリョラン ペニムニダ I'm your big fan.
日本から来ました。	일본에서 왔어요. イルボネソ ワッソヨ I came from Japan.
カッコイイ[キレイ]ですね!	멋져요 [예뻐요]! モッチョヨ [イェッポヨ]! You're cool[cute]!
いつも応援しています。	항상 응원하고 있어요. ハンサン ウンウォナゴ イッソヨ You have my full support.
会えてうれしいです。	만나서 기뻐요. マンナソ キッポヨ I'm happy to meet you.
ドラマ[映画]の「イケメンですね」を見ました。	드라마 [영화]「미남이시네요」를 보았습니다. トゥラマ [ヨンファ] ミナミシネヨ ルル ボアッスムニダ I watched drama[movie] "You're cool."
ユチョンが大好きです。	유천 너무 좋아요. ユチョン ノム チョアヨ I like Yuchun very much.

推しに会えたときはコレ

握手[サイン]してください!

악수 [싸인] 해 주세요!
アクス [サイン] ヘ チュセヨ
Could you shake hands? / Could I have your autograph?

プレゼントをあげるときは、
"これ受け取ってください"
'이것 받으세요'
イゴッ パドゥセヨ
と言って渡しましょう

基本会話

グルメ

ショッピング

ビューティ

見どころ

エンタメ

ホテル

乗りもの

基本情報

単語集

やっぱり推しに会いたい♥
スターとの遭遇率No.1は、芸能事務所が多く集まるソウルの「狎鴎亭洞・清潭洞（アックジョンドン・チョンダムドン）」エリアです。ぜひ足を運んでみて！

コンサート [ライブ]、最高でした。

콘서트 [라이브], 최고였어요 .
コンソトゥ [ライブ] 　　　チェゴヨッソヨ
The concert[live] was great.

私の名前も書いてください。私は<u>ハナ</u>です。

제 이름도 써 주세요 . 저는 하나입니다 .
チェ イルムド ソ チュセヨ チョヌン ハナイムニダ
Please write my name. I'm Hana.

あなたの写真を撮ってもいいですか？

당신의 사진을 찍어도 괜찮아요 ?
タンシネ サジヌル チゴドゥ クェンチャナヨ 🎵
Can I take a picture of you?

一緒に写真を撮ってください。

같이 사진을 찍어 주세요 .
カチ サジヌル チゴ チュセヨ
Can I take a picture with you?

インスタグラム [ブログ] を見ています。

인스타그램 [블로그] 보고 었어요 .
インスタグラム [ブルログ] ボゴ イッソヨ
I check your Instagram[blog].

日本でのファンミーティングを楽しみにしています。

일본에서의 팬미팅을 기다리고 있습니다 .
イルボネソエ ペンミティンウル キダリゴ イッスムニダ
I'm looking forward to the fan meeting in Japan.

撮影頑張ってください。

촬영 열심히 하세요 .
チャリョン ヨルシミ ハセヨ
Good luck on your shooting.

身体に気をつけてください。

몸 조심해 주세요 .
モム チョシメ チュセヨ
Please take care of yourself.

さようなら（見送る場合）

안녕히 가세요 .
アンニョンヒ カセヨ
Good-bye.

さようなら（立ち去る場合）

안녕히 계세요 .
アンニョンヒ ケセヨ
Good-bye.

韓国好きのあなたのためのコミュニケーション

ファンミやライブで

グッズ売り場は どこですか?	상품 매장은 어디입니까 ? サンプム メジャンウン オディイムニカ ♪ Where is the gift shop?
プレゼントの受付 場所はどこですか?	선물 접수처는 어디입니까 ? ソンムル チョッスチョヌン オディイムニカ ♪ Where is the counter for the present?
どこに並べば いいですか?	어디서 줄서야 하나요 ? オディソ チュルソヤ ハナヨ ♪ Where should I line up?
開場 [開演／終演] は 何時ですか?	개장 [개연 / 종연] 은 몇시인가요 ? ケジャン [ケヨン／ジョンヨン] ウン ミョッシインガヨ ♪ What time will it open[start / end]?
場内で 飲食できますか?	장내에서 음식을 먹어도 돼요 ? チャンネエソ ウムシグル モゴド デヨ ♪ Can I eat or drink inside?
会員証を忘れましたが 会場に入れますか?	회원증을 잊었는데요 , 회장에 들어갈 수 있어요 ? フェウォンジュンウル イジョンヌンデヨ フェジャンエ トゥロカル ス イソヨ ♪ I forgot my membership card but can I go in?
今日は握手会は ありますか?	오늘 악수회는 있습니까 ? オヌル アッスフェヌン イッスムニカ ♪ Do you have a fan event today?

お役立ち単語集 WORD					
		うちわ	부채 プチェ	受付	안내 アンネ
		応援タオル	응원타월 ウンウォンタウォル	関係者	관계자 クァンゲジャ
ファン	팬 ペン	チケット／券	티켓 ティケッ	休憩	휴식 ヒュシッ
日本人	일본인 イルボニン	ファンクラブ	팬 클럽 ペン クルロッ	拍手	박수 パッス
プレゼント	선물 ソンムル	会員証	회원증 フェウォンジュン	投げキッス	키스를 보냄 キスルル ボネム
応援ボード	응원 보드 ウンウォン ボドゥ	入場口	입구 イック	ウィンク	윙크 ウィンク

基本会話

グルメ

ショッピング

ビューティ

見どころ

エンタメ

ホテル

乗りもの

基本情報

単語集

この席はどこですか？	이 자리는 어디인가요？ イ チャリヌン オディインガヨ ♪ Where is this seat?

この席は 空いてますか？	이 자리는 비어 있습니까？ イ チャリヌン ビオ イッスムニカ ♪ Is this seat taken?

カッコイイ〜！
멋져요！
モッチョヨ

はい、空いてます。	예 , 비어 있습니다 . イェ ビオ イッスムニダ No, it isn't.

すみません、 空いていません。	죄송합니다 . 비어 있지 않습니다 . チェソンハムニダ ビオ イッチ アンスムニダ I'm sorry it's not available.

観覧会場で

<u>M Countdown</u> の 観覧に来ました。	M Countdown 를 보러 왔어요 . M Countdown ルル ボロ ワッソヨ I'm here for the M Countdown's show.

どこで待てば よいですか？	어디서 기다려야 합니까？ オディソ キダリョヤ ハムニカ ♪ Where should I wait?

かけ声
フレーズ

サイコー！
최고예요 !
チェゴイェヨ

ステキ♡
멋져요♡
モッチョヨ

こっち見て！
여기 봐요 !
ヨギ ブァヨ

王子様！
왕자님 !
ワンジャニム

握手して！
악수 해요 !
アクス ヘヨ

愛してる♡
사랑해요♡
サランヘヨ

ハグして！
포옹해요 !
ポヨンヘヨ

ファイト！
힘내요 !
ヒムネヨ

アンコール！
앙코르 !
アンコル

泣かないで！
울지마요 !
ウルジマヨ

(失敗したときなど) 大丈夫！
괜찮아요 !
クェンチャナヨ

韓国好きのあなたのためのコミュニケーション

ファンとの交流

私は<u>ヤマダハナ</u>です。あなたのお名前は？	저는 야마다하나입니다. 당신의 이름은요？ チョヌン ヤマダハナイムニダ　　タンシネ イルムンヨ I'm Yamada Hana. What is your name?
誰のファンですか？	누구의 팬입니까？ ヌグエ　　ペニムニカ 🔊 Whose fan are you?
どのメンバーが好きですか？	어느 멤버가 좋아요？ オヌ　メムボガ　チョアヨ 🔊 Which member do you like?
好きな曲は？	좋아하는 노래는 어느것이에요？ チョアハヌン　ノレヌン　オヌゴシエヨ 🔊 What is your favorite song?
私はデビュー曲の「Replay」が好きです。	저는 데뷔 곡「Replay」가 좋아요. チョヌン デビュ ゴッ「Replay」ガ チョアヨ I like the debut song "Replay".
他に好きなグループは？	이외에 좋아하는 그룹은 있나요？ イウェエ　チョアハヌン　クルブン　インナヨ 🔊 Are there any other groups that you like?
今韓国ではやっているドラマは何ですか？	지금 한국에서 인기있는 드라마는 무엇인가요？ チグム　ハングゲソ　インキインヌン　トゥラマヌン　ムオシンガヨ 🔊 What is the hit drama in Korea now?
メールアドレスを交換してください。	이메일은 어떻게 되는가요？ イメイルン　　オットケ　テヌンガヨ 🔊 Can we exchange e-mail addresses?
日本に来たら連絡してください。	일본에 오시면 연락해 주세요. イルボネ　オシミョン　ヨンラケ　チュセヨ Please call me when you come to Japan.
今人気のあるのは誰ですか？	지금 인기 있는 분은 누구예요？ チグム　インキ イッヌン　ブヌン　ヌグエヨ 🔊 Who is popular recently?
誰が来るんですか？	누가 오는가요？ ヌガ　オヌンガヨ 🔊 Who is coming?

舞台あいさつは ありますか？	무대 인사는 있어요 ? ムデ　インサヌン　イッソヨ Will they make a speech on stage?
<u>2PM</u>はどこから入る [出る] のでしょうか？	2PM 은 어디로 들어올까요 [나갈까요]？ 2PM ムン　オディロ　トゥロオルカヨ　[ナガルカヨ] Which door will 2PM use to go in[out]?

大好きな推しの迷惑に
なるようなことはNG！
節度を守って応援しましょう。

おすすめの店は ありますか？	추천하는　가게는 있어요 ? チュチョナヌン　カゲヌン　イッソヨ Do you have any shops that you recommend?
誰に会ったことが ありますか？	누구를 만난 적 있어요 ? ヌグルル　マンナン　チョッ　イッソヨ Who have you met?

スターいきつけのお店で

<u>ミンホ</u>さんにプレゼント を渡したいのですが…	민호씨에게 선물을　드리고 싶은데요 . ミンホシエゲ　ソンムルル　トゥリゴ　シプンデヨ I'd like to give a present to Min Ho.
ヨンファは最近 いつ来ましたか？	용화씨는 최근에 언제 왔어요 ? ヨンファシヌン　チェグネ　オンジェ　ワッソヨ When did Yong-hwa come here recently?
何時頃来ますか？	몇시쯤 오십니까 ? ミョッシチュム　オシムニカ What time does he[she] come?
<u>ヒョンジュン</u>さんが着て いるのはどれですか？	현중씨가 입고 있는 것은 어느것이에요 ? ヒョンジュンシガ　イッコ　インヌン　コスン　オヌコシイエヨ Which one does Hyun Joong wear?
<u>ヒョンジュン</u>さんの おまけはありますか？	현중씨의 무료 서비스 물건 있어요 ? ヒョンジュンシエ　ムリョ　ソビス　ムルゴン　イッソヨ Do you have a free gift of Hyun Joong?
<u>グンソク</u>のカタログは ありますか？	근석씨의 카타로그는 있어요 ? クンソッシエ　カタルログヌン　イッソヨ Do you have Keun-suk's catalogue?
<u>グンソク</u>の袋に いれてください。	근석씨의 봉투에 넣어 주세요 . クンソッシエ　ポントゥエ　ノオ　チュセヨ Please put it in Keun-suk's bag.

あのスターはハングルでどう書くの？

スター名	ハングル／アルファベット	読み
東方神起	동방신기 Dong Bang Shin Ki	トンバンシンギ
JYJ	JYJ JYJ	jyj
SUPER JUNIOR	슈퍼주니어 SUPER JUNIOR	シュポジュニオ
2PM	2PM 2PM	イpm
SHINee	샤이니 SHINee	シャイニ
FTISLAND	FT아일랜드 FTISLAND	ftアイレンドゥ
CNBLUE	씨엔블루 CNBLUE	シエンブル
INFINITE	인피니트 INFINITE	インピニトゥ
EXO	엑소 EXO	エクソ
BTS	방탄소년단 BTS	バンタンソニョンダン
SEVENTEEN	세븐틴 SEVENTEEN	セブンティン
NCT	엔시티 NCT	エンシティ
Stray Kids	스트레이 키즈 Stray Kids	ストゥレイ キジュ
少女時代	소녀시대 Girl's Generation	ソニョシデ
KARA	카라 KARA	カラ
TWICE	트와이스 TWICE	トゥワイス
BLACKPINK	블랙핑크 BLACKPINK	ブレックピンク
aespa	에스파 aespa	エスパ
NewJeans	뉴진스 NewJeans	ニュジンス

スター名	ハングル／アルファベット
ヒョンビン	현빈 Hyun Bin
コンユ	공 유 Gong Yoo
イ・ジュンギ	이 준기 Lee Joon-gi
チャン・グンソク	장 근석 Jang Keun-suk
イ・ミンホ	이 민호 Lee Min Ho
キム・スヒョン	김 수현 Kim Soo-hyun
ソン・ジュンギ	송중기 Song Joong Ki
イ・ジョンソク	이종석 Lee Jong Suk
チ・チャンウク	지 창욱 Ji Chang-wook
パク・ソジュン	박 서준 Park Seo-jun
パク・ボゴム	박 보검 Park Bo-gum
ナム・ジュヒョク	남 주혁 Nam Joo Hyuk
ジュノ	준호 Junho
チャウヌ	차은우 Cha Eun-woo
ソン・ガン	송 강 Song Kang
イ・ビョンホン	이 병헌 Lee Byung-hun

ファンレターを書いてみましょう

홍기씨
ホンギくん

안녕하세요. 처음 뵙겠습니다.
こんにちは。　はじめまして。

저는 일본에 사는 뿌입니다.
私は　日本に住むぷうです。

自己紹介を書いて、さりげなくアピールして

데뷔 곡 『Beat』을 듣고 팬이 되었습니다.
デビュー曲の『Beat』を聞いて、ファンになりました。

홍기씨의 마음을 울리는 노래는 물론 밝고
ホンギくんの心に響く音楽はもちろん、

친절한 곳이 너무 좋습니다.
明るくて優しいところが大好きです。

多少大げさになるくらいがちょうどいいかも。はっきりと気持ちを伝えましょう。

이번에 드라마에 출연한다는 얘기를 듣고 매우 기대하고 있습니다.
今度、ドラマに出演すると聞き、とても楽しみにしています♪

次に会える場所を書いておけば、次回会うとき手紙のことを覚えてくれているかも!?

12월에 일본에서 열리게 되는 라이브에도 꼭 가겠습니다.
12月に行われる日本でのライブにも絶対に行きます!!

이후에도 일본과 한국에서 많이많이 하세요.
今後も日本と韓国でたくさん活動してくださいね。

계속계속 응원하고 있습니다.
ずっとずっと応援しています。

뿌 부터
ぷうより

P.152のハングル表や、巻末の単語集も参考にしてチャレンジしてみましょう。

ホテルでは快適に過ごしたいですね

楽しい旅行には快適な宿泊も大切ですよね。
ホテル滞在中に、よく使われるフレーズを集めました。

ホテル到着が遅れそう！

到着が遅くなりますが、予約はキープしてください！	도착이 늦어집니다만, 예약은 유지해 주십시오！ トチャギ ヌジョジムニダマン イェヤグン ユジヘ ジュシッシオ I'll be arriving late, but please hold the reservation!

チェックインします

チェックインをお願いします。	체크인하려고 하는데요. チェクインハリョゴ ハヌンデヨ Check in, please.
（インターネットで）予約してあります。	예약은 했습니다. イェヤグン ヘッスムニダ I made a reservation on the Internet.
眺めのいい部屋をお願いします。	경치가 좋은 방을 부탁합니다. キョンチガ チョウン バンウル プタカムニダ I'd like a room that has a nice view.
朝食は含まれていますか？	아침 식사는 포함됐습니까？ アチム シッサヌン ポハムデッスムニカ♪ Does that include breakfast?
ツイン（ベッドが2つ）ですよね？	트윈 베드이지요？ トゥウィン ベドゥイジヨ♪ It's twin room, right?
禁煙［喫煙］の部屋にしてください。	금연［흡연］방으로 해 주세요. クミョン［フビョン］バンウロ ヘ チュセヨ I'd like a non-smoking[smoking] room.
貴重品を預かってください。	귀중품을 맡길 수 있나요？ クィジュンプムル マッキル ス インナヨ♪ Could you store my valuables?
日本語を話せる人はいますか？	일본어를 하시는 분이 계시나요？ イルボノルル ハシヌン プニ ケシナヨ♪ Is there anyone who speaks Japanese?

基本会話

グルメ

ショッピング

ビューティ

見どころ

エンタメ

ホテル

乗りもの

基本情報

単語集

| 朝食は何時から
ですか? | **아침 식사는 몇시부터 입니까?**
アチム シッサヌン ミョッシブト イムニカ ♪
What time can I have breakfast? |
| チェックアウトは
何時ですか? | **체크아웃 시간은 어떻게 되나요 ?**
チェクアウッ シガヌン オトッケ デナヨ ♪
When is the check-out time? |

**ホテルは
こんなふうに
なっています**

ルームサービス
룸 서비스
ルム ソビス
客室から電話で注文を受け、料理や飲み物を提供するサービス。

ロビー
로비
ロビ
玄関やフロントの近くにあり、待ち合わせや休憩など、客が自由に利用できるスペース。

コンシェルジュ
컨시어지
コンシオジ
宿泊客の応対係。街の情報に精通し、客の要望や相談に応じる。

ポーター
포터
ポト
ホテルに到着した車から、宿泊客の荷物をフロントまで運ぶ。

フロント
프론트
プロントゥ
チェックイン・チェックアウトや精算、両替、メッセージ等の受け渡し、貴重品保管などを行う。

ベルボーイ
벨보이
ベルボイ
宿泊客の荷物の運搬や客室への案内を行う。ホテルによってはポーターの業務も兼ねる。

クローク
클로크
クルロク
宿泊客の荷物を預かる。チェックイン前やチェックアウト後でも利用できる。

お部屋にご案内します。
방으로 안내 해 드리겠습니다 .
パンウロ アンネ ヘ トゥリゲッスムニダ

お荷物をお運びします。
짐을 가져다 드리겠습니다 .
チムル カジョダ トゥリゲッスムニダ

エレベーターはこちらです。
엘리베이터는 이쪽입니다 .
エルリベイトゥヌン イチョギムニダ

こんにちは。
안녕하세요 .
アンニョンハセヨ

ホテルでは快適に過ごしたいですね

部屋で

シャワーの出し方を
知りたいのですが。

샤워기 사용법을 알고 싶은데요 .
シャウォギ　サヨンボブル　アルゴ　シブンデヨ
Could you show me how to use the shower?

<u>サトウ</u>さま、入っても
よろしいですか？

사토씨 들어가도 되겠습니까?
サトシ　トゥロガド　デゲッスムニカ
Mr. Sato, may I come in?

入ってください。／
ちょっと待ってください。

들어오세요 ./잠깐 기다려 주세요 .
トゥロオセヨ　チャムカン　キダリョ　チュセヨ
Please come in. / One moment, please.

<u>405</u>号室ですが。

405 호실인데요 .
サペゴオホシリンデヨ
This is room 405 .

数字 ◉ P.148

明日の朝6時にモーニング
コールをお願いします。

내일 아침 6시에 모닝콜 부탁합니다 .
ネイル　アチム　ヨソッシエ　モニンコル　プタッカムニダ
Please wake me up at six tomorrow morning.

数字 ◉ P.148

かしこまりました。

알겠습니다 .
アルゲッスムニダ
All right.

新しいバスタオルを
持ってきてください。

새 목욕 수건을 가져다 주세요 .
セ　モギョッ　スゴヌル　カジョダ　チュセヨ
Please bring me a new bath towel.

できるだけ早く
お願いします。

될수록 빨리요 .
デルスロッ　パルリョ
As soon as possible, please.

この目覚まし時計 [セイフティ・ボッ
クス] の使い方を教えてください。

이 알람 시계의 [금고의] 사용법을 알려 주세요 .
イ　アラルム　シゲエ　[クムゴエ]　サヨンボブル　アルリョ　チュセヨ
Could you tell me how this alarm clock[safety box] works?

コンセントが見つから
ないのですが。

콘센트를 찾을 수가 없는데요 .
コンセントゥルル　チャズル　スガ　オムヌンデヨ
Could you tell me where the outlet is?

ドライヤーを貸して
ほしいのですが。

드라이어를 빌리고 싶은데요 .
ドゥライオルル　ビルリゴ　シブンデヨ
I'd like to use a dryer.

112

基本会話

グルメ

ショッピング

ビューティ

見どころ

エンタメ

ホテル

乗りもの

基本情報

単語集

ホテルマナーを知っておきましょう

1 部屋の外は公共の場
パジャマなどで部屋の外へは出ないこと。エレベーターホールでは他人同士でもあいさつを交わすのが礼儀。

2 部屋の中でもマナーを
大きな音をたてたり他の宿泊客に迷惑がかかる行為は厳禁。また洗濯物はバスルームなどに干しましょう。

3 チップについて
韓国ではチップの習慣がない。特別に感謝の気持ちを表したい場合に1000～5000W程度を渡しましょう。

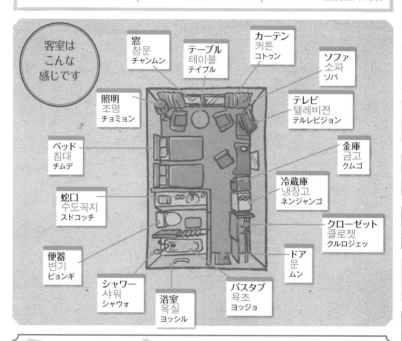

客室はこんな感じです

窓
창문
チャンムン

テーブル
테이블
テイブル

カーテン
커튼
コトゥン

ソファ
소파
ソパ

照明
조명
チョミョン

テレビ
텔레비전
テルレビジョン

ベッド
침대
チムデ

金庫
금고
クムゴ

蛇口
수도꼭지
スドコッチ

冷蔵庫
냉장고
ネンジャンゴ

クローゼット
클로젯
クルロジェッ

便器
변기
ビョンギ

ドア
문
ムン

シャワー
샤워
シャウォ

浴室
욕실
ヨッシル

バスタブ
욕조
ヨッジョ

すぐに使えるトラブルフレーズ

シャワーが壊れています。
샤워가 고장났어요.
シャウォガ コジャンナッソヨ

部屋を変えてください。
방을 바꿔 주세요.
バンウル バクォ チュセヨ

お湯が出ません。
뜨거운 물이 안 나와요.
トゥゴウン ムリ アン ナワヨ

トイレが流れません。
변기 물이 안 내려가요.
ビョンギ ムリ アン ネリョガヨ

電気がつきません。
전기가 켜지지 않아요.
チョンギガ キョジジ アナヨ

隣の部屋がうるさいです。
옆방이 아주 시끄러워요.
ヨッパンイ アジュ シクロウォヨ

締め出されてしまいました。
문이 잠겨 못 들어가고 있어요.
ムニ ジャムギョ モッ トゥロガゴ イソヨ

ホテルでは快適に過ごしたいですね

サービスを受けます

ルームサービスを お願いします。	룸 서비스를 부탁합니다. ルム ソビスルル プタカムニダ Room service, please.

もしもし。
여보세요.
ヨボセヨ

ご注文をどうぞ。	주문 하세요. チュムン ハセヨ What would you like to have?

ピザとコーヒーを お願いします。	피자와 커피를 주세요. ピジャワ コピルル チュセヨ I'd like a pizza and coffee.

氷と水を持って きてください。	얼음과 물을 가져다 주세요. オルムグァ ムルル カジョダ チュセヨ Please bring me some ice cubes and water.

毛布を持ってきて ください。	담요를 가져다 주세요. タムニョルル カジョダ チュセヨ Please bring me a blanket.

部屋の掃除を お願いします。	방 청소를 부탁해요. バン チョンソルル プタケヨ The room isn't cleaned.

医者を呼んで ください。	의사를 불러 주세요. イサルル プルロ チュセヨ Please call a doctor.

駐車場を 使いたいのですが。	주차장을 사용하고 싶은데요. チュチャジャウル サヨンハゴ シプンデヨ I'd like to use the parking lot.

お役立ち単語集 WORD		シーツ	시트 シトゥ	バスタオル	목욕타올 モギョッタオル
		シャンプー	삼푸 シャンプ	グラス	컵 コッ
水	물 ムル	リンス	린스 リンス	ドライヤー	드라이어 ドゥライオ
お湯	뜨거운 물 トゥゴウン ムル	石鹸	비누 ピヌ	ポット	포트 ポトゥ
枕	베게 ベゲ	タオル	타올 タオル	灰皿	재떨이 チェトリ

114

基本会話

グルメ

ショッピング

ビューティ

見どころ

エンタメ

ホテル

乗りもの

基本情報

単語集

両替をしたいのですが。	환전을 하고 싶은데요 .
	ファンジョヌル ハゴ シブンデヨ
	I'd like to exchange money.

ダイニングルームはどこですか?	식당은 어디입니까 ?
	シッタンウン オディイムニカ 🔊
	Where is the dining room?

何時まで [から] やっていますか?	몇 시까지 [부터] 합니까 ?
	ミョッ シカジ [ブト] ハムニカ 🔊
	What time does it close[open]?

10 時まで [から] です。	열시까지 [부터] 입니다 .
	ヨルシカジ ブト イムニダ
	It's until[from] ten o'clock. 数字 🔊 P.148

予約は必要ですか?	예약은 필요합니까 ?
	イェヤグン ピリョハムニカ 🔊
	Do I need a reservation?

朝食がとれるカフェテリアはありますか?	아침 식사를 할 수 있는 카페테리아는 있나요 ?
	アチム シッサルル ハル ス インヌン カペテリアヌン インナヨ 🔊
	Is there a cafeteria for breakfast?

部屋で朝食は取れますか?	아침밥은 방에서 먹을 수 있어요 ?
	アチムバブン バンエソ モグル ス イッソヨ 🔊
	Can we eat breakfast in the room?

朝8時に持ってきてください。	아침 8 시에 가져오세요 .
	アチム ヨドルシエ カジョオセヨ
	Please bring it at eight in the morning. 数字 🔊 P.148

この荷物をしばらく預かってもらえますか?	이 짐을 잠시 보관해 줄 수 있습니까 ?
	イ チムル チャムシ ポグァネ チュル ス イッスムニカ 🔊
	Could you store this baggage for a while?

わかりました。ここにお名前を書いてください。	알겠습니다 . 여기에 이름을 써 주세요 .
	アルゲッスムニダ ヨギエ イルムル ソ チュセヨ
	Certainly. Please sign here.

この手紙を航空便でお願いします。	이 편지를 항공편으로 부탁드립니다 .
	イ ピョンジルル ハンゴンピョヌロ ブタッドゥリムニダ
	Please send this letter by air.

480 ウォンいただきます。	480 원 되겠습니다 .
	サベッパルシブォン デゲッスムニダ
	It will be 480 won. 数字 🔊 P.148

115

ホテルでは快適に過ごしたいですね

日本にファックス［メール］を送りたいのですが。	일본에 팩스를 [메일을] 보내고 싶은데요 . イルボネ　ペックスルル [メイルル] ポネゴ　シプンデヨ I'd like to send a fax[an e-mail] to Japan.
近くにおいしいレストランはありますか？	근처에 좋은 레스토랑이 있나요 ? クンチョエ　チョウン　レストランイ　インナヨ Do you know any good restaurants near here?
タクシーを呼んでください。	택시를 불러 주세요 . テッシルル　プルロ　チュセヨ Please get me a taxi.
このホテルの住所がわかるカードが欲しいのですが。	호텔 주소가 있는 카드를 주시겠어요 ? ホテル　チュソガ　インヌン　カドゥルル　チュシゲッソ Could I have a card with the hotel's address?
私あてにメッセージが届いていませんか？	제 앞으로 온 메시지가 있나요 ? チェ　アプロ　オン　メシジガ　インナヨ Are there any messages for me?
インターネットは利用できますか？	이 호텔에는 인터넷 접속이 가능한가요 ? イ　ホテレヌン　イントネッ　チョッソギ　カヌンハンガヨ Can I use the Internet?
滞在を一日延ばしたいのですが。	체류시간을 하루 연장하고 싶은데요 . チェリュシガヌル　ハル　ヨンジャンハゴ　シプンデヨ I'd like to extend my stay.

> トラブル発生

部屋の鍵をなくしました。	방 열쇠를 잃어버렸어요 . パン　ヨルセルル　イロボリョソヨ I lost the room key.
緊急事態です。／すぐだれかをよこしてください。	긴급사태예요 . ／누구 좀 불러 주세요 . キングッサテエヨ　　／ヌグ　チョム　プルロ　チュセヨ It's an emergency. ／ Could you send someone up now?
部屋を空けている間にパスポートがなくなりました。	제가 외출한 사이에 여권이 없어졌어요 . チェガ　ウェチュラン　サイエ　ヨクォニ　オッソチョッソヨ My passport was stolen from my room while I was out.

116

基本会話

グルメ

ショッピング

ビューティ

見どころ

エンタメ

ホテル

乗りもの

基本情報

単語集

チェックアウトします

チェックアウトは時間に余裕を持って。

**チェックアウトを
お願いします。**

체크아웃하려고 하는데요.
チェクアウタリョゴ　ハヌンデヨ
I'd like to check out, please.

415号室の
サトウです。

415호실 사토입니다.
サベッシボホシル　サトイムニダ
It's Sato in room 415.

数字 ☞ P.148

精算書が間違って
います。

이 계산서에 착오가 있는 것 같은데요.
イ　ケサンソエ　チャゴガ　インヌン　コッ　カトゥンデヨ
I think there is a mistake in this bill.

ルームサービス [ミニバ
ー] は使っていません。

룸 서비스를 [미니버를] 부른 적이 없어요.
ルム　ソビスルル [ミニボルル]　ブルン　チョギ　オッソヨ
I didn't order the room service[use the mini bar].

長距離電話は
かけていません。

장거리 전화를 건 적이 없어요.
チャンゴリ　チョナルル　コン　チョギ　オッソヨ
I didn't make any long distance calls.

預かってもらった貴重
品をお願いします。

맡겨둔 귀중품을 찾고 싶은데요.
マッキョドゥン　クィジュンプムル　チャッコ　シプンデヨ
I'd like my valuables back, please.

部屋に忘れ物を
しました。

방에 물건을 두고 왔는데요.
バンエ　ムルゴヌル　トゥゴ　ワンヌンデヨ
I left something in my room.

クレジットカードで
支払いたいのですが。

카드로 계산할게요.
カドゥロ　ケサナルケヨ
I'd like to pay by a credit card.

このクレジットカード
は使えますか?

카드도 받나요? ♪
カドゥド　バンナヨ ♪
Do you accept this credit card?

現金で支払います。

현금으로 계산할게요.
ヒョングムロ　ケンサナルケヨ
I'd like to pay by cash.

ありがとう。とても
楽しく過ごせました。

고마워요. 너무 재미있게 지냈어요.
コマウォヨ　ノム　チェミイッケ　チネッソヨ
Thank you. I really enjoyed my stay.

入国審査に必要な会話はこんな感じです

**現地の空港に到着したら、まずは入国審査へ進みます。
パスポートなど、必要なものを準備しましょう。**

入国審査では?

外国人用のブースでパスポートや入国カードを提出。17歳以上の外国人は、顔写真の撮影や指紋の採取があります。旅行目的や滞在日数などを質問される場合も。

入国審査で提出するものはこちらです。
●パスポート
●入国カード
　(K-ETA登録者は不要)

税関はこちら。
●パスポート
●税関申告書
　(申告が必要な場合のみ)

パスポートを見せてください。

여권을 보여 주시겠어요 ?
ヨクォヌル　ボヨ　チュシゲッソヨ 🔊
May I see your passport, please?

旅行の目的は何ですか?

방문 목적은 뭔가요 ?
パンムン　モッチョグン　ムォンガヨ 🔊
What is the purpose of your visit?

観光です。／仕事です。

관광이요 . /사업이요 .
クァングァンイヨ／サオビヨ
Sightseeing. / Business.

何日間滞在しますか?

얼마나 머무시죠 ?
オルマナ　モムシジョ 🔊
How long are you going to stay?

3日ほどです。

삼일정도요 .
サミルチョンドヨ
About three days.　　時🔊 P.150

どこに滞在しますか?

어디서 머무시죠 ?
オディソ　モムシジョ 🔊
Where are you staying?

入国カードは機内で配られますので、早目に記入しておきましょう。

プラザホテルです。／友だちの家です。

프라자호텔이요 . /제 친구집이요 .
プラジャホテリヨ／ジェ　チングジビヨ
Plaza Hotel. / My friend's house.

基本会話

グルメ

ショッピング

ビューティ

見どころ

エンタメ

ホテル

乗りもの

基本情報

単語集

入国手続きの流れ

1 到着
空港に到着。案内に従い入国審査へ進む。

2 入国審査
外国人カウンターの列に並び、入国審査を受ける。

3 荷物の受け取り
航空会社、便名を確認し、機内に預けた荷物を受け取る。

4 税関
荷物をもって税関へ。申告するものがなければそのまま通過。申告する必要があれば、税関申告書に記入して手続きをする。

5 到着ロビー
税関を抜けてゲートをくぐると到着ロビーに。

荷物受け取り時の注意

ターンテーブルから荷物を引き取ったら、クレームタグ(荷物引換証)と照合しましょう。また、荷物の状態をよく確認して、もし破損していたら、すぐに係員に申し出ます。

荷物が見つからないときは?

預けた荷物が出てこなかったら、航空券とクレームタグをもって、航空会社のスタッフや「Lost & Found」カウンターに相談しましょう。すぐに見つからない場合は、荷物の特徴や連絡先を伝えて手続きをします。荷物の受け取り方法や、補償についても確認しておくと安心です。

済州島行きの搭乗ゲートはどこですか?

제주도행 탑승게이트는 어디인가요?
チェジュドヘン タッスンゲイトゥヌン オディインガヨ ♪
Where is the boarding gate for Jeju Island?

私のスーツケースがまだ出てきません。

제 슈트케이스가 아직 나오지 않았는데요.
チェ シュトゥケイスガ アジッ ナオジ アナンヌンデヨ
My suitcase hasn't arrived yet.

見つかりしだい、ホテルに届けてください。

발견하는 대로 호텔에 배달해 주세요.
パルギョナヌン デロ ホテレ ペダレ チュセヨ
Please deliver it to my hotel as soon as you've located it.

スーツケースが破損しています。

슈트케이스가 손상되었어요.
シュトゥケイスガ ソンサンデオソヨ
My suitcase is damaged.

税関で荷物について聞かれることも

友人へのプレゼントです。／ 私の身の回り品です。

제 친구 선물이에요. ／ 제 물건이에요.
チェ チング ソンムリエヨ ／ チェ ムルゴニエヨ
A present for my friend. ／ My personal belongings.

到着	도착 トチャッ	荷物受け取り	수하물 찾는 곳 スハムル チャンヌン コッ	手荷物引換証	짐 교환증 チム キョファンジュン

到着	도착 トチャッ	荷物受け取り	수하물 찾는 곳 スハムル チャンヌン コッ	手荷物引換証	짐 교환증 チム キョファンジュン
		税関	세관 セグァン	検疫	검역 コミョッ
		到着ロビー	도착로비 トチャッロビ	免税／課税	면세 / 과세 ミョンセ／クァセ
入国審査	입국심사 イックッシムサ	入国カード	입국카드 イックッカドゥ	税関申告書	세관 신고서 セクァン シンゴソ

119

機内でより快適に過ごすために

機内
기내
キネ

飛行機に乗り込んだら、もう海外旅行は始まっています。
旅先の会話に備えて、機内から外国人の乗務員さんに話しかけてみましょう。

機内では？
困ったことがあれば客室乗務員にたずねましょう。座席を倒すときは、後ろの人に声をかけるとスマート。食事や離着陸時は元に戻します。シートベルト着用サイン点灯中は、席を立たないように。

機内に持っていくと便利なもの
- スリッパ
- マスク
- 上着
- 耳栓
- アイマスク
- 首枕
- 常備薬
- コンタクト洗浄液＆保存液
- 目薬＆眼鏡
- のどめめ
- ウェットティッシュ
- 化粧水
- 歯ブラシ
- ガイドブック＆会話帖
- むくみ防止ソックス

液体類は持込制限があるので、持ち込む際は事前に確認しよう。

（間違えて座っている人に）私の席に座っているようですが。

당신이 내 자리에 앉은 것 같은데요 .
タンシニ　ネ　チャリエ　アンジュン　コッ　カトゥンデヨ
I think you are in my seat.

済州島へ乗り継ぎの予定です。

제주도로 환승할 예정입니다 .
チェジュドロ　ファンスハル　イェジョンイムニダ
I'll connect with another flight to Jeju Island.

気分が悪いのですが。

멀미를 해요 .
モルミルル　ヘヨ
I feel sick.

モニターが壊れています。

모니터가 고장났어요 .
モニトガ　コジャンナッソヨ
The monitor is not working.

荷物をここに置いてもいいですか？

제 짐을 여기에 놓아도 될까요 ?
チェ　チムル　ヨギエ　ノアド　テルカヨ🎵
Can I put my baggage here?

座席を倒してもいいですか？

의자를 뒤로 젖혀도 될까요 ?
ウイジャルル　ティロ　ジョチョド　テルカヨ🎵
Can I recline my seat?

トイレはどこですか？

화장실은 어디에 있어요 ?
ファジャンシルン　オディエ　イッソヨ🎵
Where is the restroom?

基本会話

グルメ

ショッピング

ビューティ

見どころ

エンタメ

ホテル

乗りもの

基本情報

単語集

機内アナウンスがわかります！

シートベルトを着用してください。
안전 벨트를 착용하십시요.
アンジョン ベルトゥルル チャギョンハシッシヨ
Please fasten your seat belts.

座席に戻ってください。
자리로 돌아가십시요.
チャリロ トラカシッシヨ
Please get back to your seat.

座席を元の位置に戻してください。
자리를 원래 위치로 돌려 주세요.
チャリルル ウォルレ ウィチロ トルリョ チュセヨ
Please put your seat back to its original position.

テーブルを元の位置に戻してください。
테이블을 원래 위치로 돌려 주세요.
テイブルル ウォルレ ウィチロ トルリョ チュセヨ
Please put your table back to its original positon.

何か頼みたいときは？

座席にある呼び出しボタンを使えば、周りの人に迷惑をかけずに乗務員さんを呼ぶことができます。

枕とブランケットをください。
베게와 블랭켓을 주세요.
ベゲワ ブルレンケスル チュセヨ
Could I have a pillow and a blanket?

寒い[暑い]です。
추워요 [더워요].
チュウォヨ [トウォヨ]
I'm cold[hot].

機内でアルコールを飲むと、地上にいる時よりも酔いやすくなります。くれぐれも飲み過ぎには注意しましょう。

オレンジジュース[ビール]をください。
오렌지 쥬스 [맥주]를 주세요.
オレンジ チュス [メッチュ] ルル チュセヨ
Orange juice[Beer], please.

食事になっても起こさないでください。
식사 시간이 되도 깨우지 마세요.
シッサ シガニ テド ケウジ マセヨ
Don't wake me up for the meal service.

無事に
着きました～！

（トレイ、コップを）下げてもらえますか？
치워 주시겠어요?
チウォ ジュシゲソヨ ➋
Could you take this away?

お役立ち単語集 WORD

		窓側席	창문 측 좌석	時差	시차
			チャンムン チュッ チャソッ		シチャ
		通路側席	통로 측 좌석	吐き気	구역질
			トンロ チュッ チャソッ		クヨッチル
使用中	사용중	座席番号	좌석 번호	非常口	비상구
	サヨンジュン		チャソッ ボンホ		ビサング
空き	비어있다	現地時間	현지 시간	酔い止め	멀미약
	ビオイッタ		ヒョンジ シガン		モルミヤッ

空港
公항
コンハン

出発の2〜3時間前からチェックインができます。
混んでいたり、欠航のトラブルも想定されるので余裕をもって空港に向かいましょう。

空港へは早めに到着を
混雑していると、出国の手続きに長時間かかることがあります。バスやタクシーを利用する場合は、道路渋滞で遅れてしまうことも。時間に余裕をもって、早めに空港へ向かうと安心です。

アシアナ航空のカウンターはどこですか?

아시아나 항공사 카운터는 어디인가요 ?
アシアナハンゴンサ　　カウントゥヌン　オディインガヨ ✔
Where is the Asiana Airline counter?

名前はタナカミカです。

제 이름은 다나카 미카입니다 .
チェ　イルムン　タナカ　ミカイムニダ
My name is Tanaka Mika.

8月9日の OZ 1045便、羽田行きです。

8월 9일 하네다행 oz 1045 편입니다 .
パルォル　グイル　ハネダヘン　オゼトゥイルゴンサオビョニムニダ
My flight number is OZ 1045 for Haneda on August 9th.　　数字 ➡ P.148

チェックイン
利用する航空会社のカウンターや、自動チェックイン機で、搭乗手続きをします。フライトによっては、オンラインや、ソウル駅の都心空港ターミナルでのチェックインも可能です。

チェックインをお願いします。

탑승수속 부탁드립니다 .
タッスンスソッ　ブタッドゥリムニダ
Check in, please.

窓側 [通路側] の席にしてください。

창가 [통로] 자리 부탁드리겠습니다 .
チャンカ [トンロ]　チャリ　ブタッドゥリゲッスムニダ
Window[Aisle] seat, please.

申し訳ありません。出発まで時間がありません。

죄송합니다 . 출발시간에 늦었습니다 .
チェソンハムニダ　チュルバルシガネ　ヌジョッスムニダ
I'm sorry. My flight is leaving shortly.

急いでいるときには…

基本会話

グルメ

ショッピング

ビューティ

見どころ

エンタメ

ホテル

乗りもの

基本情報

単語集

出国手続きの流れはこんな感じです

1 チェックイン
航空会社のカウンターや自動チェックイン機で搭乗手続きをして、大きな荷物を預ける。

2 免税の手続き
旅行中の買い物の事後免税手続きをする場合は、税関やKIOSKで払い戻しを申請する。

3 セキュリティチェック
手荷物検査とボディチェックを受ける。液体類や刃物などの持ち込みは制限されている。

4 税関
古美術品や高価な品、多額の外貨など、申告が必要なものがあれば税関で手続きをする。

5 出国審査
パスポートと搭乗券を提示して審査を受ける。17歳以上はSeS（自動出入国審査）も利用可。

空港では常に時間を気にしておきましょう。わからないことがあったら、すぐに空港スタッフに聞きましょう。

ほかの便に振り替えできますか？

다른 편으로 바꿀 수 있습니까 ?
タルン　ピョヌロ　バクル　ス　イッスムニカ 🔊
Can I change the flight?

10番の搭乗ゲートはどこですか？

10번 게이트는 어디인가요 ?
シッボン　ケイトゥヌン　オディインガヨ 🔊
Where is the gate 10 ?

数字 → P.148

この便は定刻に出発しますか？

이 비행기는 예정대로 출발하나요 ?
イ　ビヘンギヌン　イェジョンデロ　チュルバラナヨ 🔊
Will this flight leave on schedule?

荷物に割れ物が入っている場合は係員に伝えましょう。

どれくらい遅れますか？

얼마나 지연되나요 ?
オルマナ　チヨンデナヨ 🔊
How long will it be delayed?

荷物を預ける

日本出国時と同じように、液体類や刃物などの持ち込みは制限されているので、預ける荷物に入れましょう。キムチやコスメなども対象です。モバイルバッテリーやライターなど、預けられないものもあるので確認を。

割れ物が入っています。

깨지기 쉬운 물건이 들어 있습니다 .
ケジギ　シウン　ムルゴニ　トゥロ　イッスムニダ
I have a fragile item.

これは機内に持ち込む手荷物です。

이건 기내에 들고 갈 짐입니다 .
イゴン　キネエ　トゥルゴ　カル　チミムニダ
This is carry-on luggage.

荷物を出しても良いですか？

짐을 꺼내도 됩니까 ?
チムル　コネド　デムニカ 🔊
Can I take out my luggage?

無事
飛行機に
乗れました～！

空港～市内へ移動

電車 전차 チョンチャ | **バス** 버스 ボス | **タクシー** 택시 テッシ

到着後は移動方法にとまどうこともありますが、分からなければ勇気を出して聞いてみましょう。
できるだけスムーズに移動できれば旅の疲れも軽減できます。

ソウルの空港から市内へ

仁川国際空港は市内から約50kmの場所にあります。おもな交通手段は、空港鉄道、リムジンバス、タクシーの3つで、所要60～90分ほど。空港鉄道はソウル駅までノンストップの直通列車と、各駅停車の一般列車があります。
金浦空港は市内に近く、空港鉄道の一般列車、地下鉄、リムジンバス、タクシーなどが利用できます。所要20～60分ほど。

空港鉄道の直通列車で仁川空港へ向かう場合は、ソウル駅にある都心空港ターミナルでも搭乗手続きができます（一部航空会社）。

プサンの空港から市内へ

プサンの金海国際空港は市内中心部から約10kmと近く、金海軽電鉄と地下鉄を利用すれば、西面駅まで約30分です。リムジンバスやタクシーの場合は60分～90分ほど。

プサンの空港から金海軽電鉄に乗る場合は、沙上駅で地下鉄2号線に乗り換えましょう。

空港鉄道の乗り場はどこですか？

공항철도의 탑승장은 어디인가요 ?
コンハンチョルトエ　　タッスンジャンウン　オディインガヨ 🔊
Where is the A'REX station?

直通列車 [一般列車] に乗りたいのですが。

직통열차 [일반열차] 를 타고 싶은데요 .
チットンヨルチャ [イルバンヨルチャ] ルル　タゴシプンデヨ
I'd like to take a direct[local] train.

チケット売り場はどこですか？

매표소는 어디인가요 ?
メピョソヌン　オディインガヨ
Where is the ticket counter?

高級リムジンバス[一般リムジンバス] の乗り場はここですか？

리무진 버스 [일반 버스]의 승차장은 어디입니까 ?
リムジン ボス　 [イルバンボス]エ スンチャジャンウン オディイムニカ 🔊
Is this the place where I can take KAL [Airport Limousine Bus]?

次のバスは何分後ですか？

다음 버스는 몇분 후인가요 ?
タウム　ボスヌン　ミョップン　フインガヨ 🔊
What time does the next bus leave?

新村まで大人1枚ください。

신천까지 어른 한장 주세요 .
シンチョンカジ　オルン　ハンジャン　チュセヨ
Could I have one ticket to Shinchon?

基本会話

グルメ

ショッピング

ビューティ

見どころ

エンタメ

ホテル

乗りもの

基本情報

単語集

ソウル 空港鉄道 A'REX の乗り方は?

1 切符を買う
直通列車は専用の券売機や窓口、オンラインで購入できる。一般列車はT-moneyや1回用交通カードを購入。

2 改札を通る
直通列車はチケットのQRコードを、一般列車はカードを改札機にタッチ。直通はオレンジ、一般は水色の改札。

3 乗車
直通列車は全席指定なので、チケットに書いてある番号の席に座る。

4 下車
乗車時と同じように、チケットやカードを改札機にタッチして改札を出る。

タクシーを利用

リムジンバスや鉄道に比べて、料金は高いですが、乗換がなく、荷物の心配もないので便利。空港で客引きをする白タクには注意。心配なら模範タクシーを利用しましょう。

このタクシーは模範タクシーですか?

이 택시는 모범택시인가요?
イ テッシヌン モボムテッシンガヨ♪
Is this the deluxe taxi?

空港へ行くバスはどれですか?

공항으로 가는 버스는 어느것이에요?
コンハヌロ カヌン ボスヌン オヌゴシエヨ♪
Which bus goes to the airport?

乗ったあとは?

鉄道では、乗換が必要になることもあるので事前に乗換駅や降車駅をチェックしておきましょう。リムジンバスは、運転手に降車場所をあらかじめ伝えておくと安心。タクシーは、ホテル名や住所などをハングルで書いた紙を見せるとよいですよ。

(車内アナウンス)この停留所は明洞、次の停留所は南大門です。

이번 정류소는 명동 , 그리고 다음 정류소는 남대문입니다 .
イボン チョンニュソヌン ミョンドン クリゴ タウム チョンニュソヌン ナムデムニムニダ
This is Myeongdong, the next stop is Namdaemun.

(運転手に)明洞で降りたいです。

명동에서 내립니다 .
ミョンドンエソ ネリムニダ
I'd like to get off at Myeongdong.

市内までどのくらいですか?

시내까지 얼마쯤 걸리나요?
シネカジ オルマチュム コルリナヨ♪
How long does it take to get to downtown?

新羅ホテルへ行きたいのですが。

신라호텔로 가려는데요 .
シルラホテルロ カリョヌンデヨ
I'd like to go to the Shilla Hotel.

(運転手に)スーツケースを降ろしてください。

슈트케이스를 내려 주세요 .
シュトゥケイスルル ネリョ チュセヨ
Could you unload my suitcase from the trunk?

無事到着
しました〜!

125

乗りものに乗って移動を

タクシー
택시
テッシ

便利で安いタクシーですが、韓国語しか話せないドライバーさんも多いです。行き先など基本フレーズを覚えておくだけで心強いですよ。

タクシーを探しましょう

街なかを走っているタクシーをつかまえるのが簡単。赤い文字が点灯していれば空車です。タクシー乗場は駅やバスターミナルなどにあります。配車アプリも便利です。

扉は手動なので自分で開けて乗りこみ、閉めましょう。

乗ったあとは？

行き先を告げます。有名な観光スポットやホテルは名称で通じることが多いですが、通じない場合は紙にハングルで書いたり、地図や住所がわかるものを見せて伝えましょう。

運転手さんを呼びかけるには「技師さま」という意味の " 기사님 (キサニム) " というのもいいでしょう。

タクシーを呼んでください。

택시를 불러 주세요 .
テッシルル　プルロ　チュセヨ
Please get me a taxi.

> **タクシーの止め方**
> 空車のタクシーがきたら、手を前に伸ばして止めます。

このホテルまでタクシー代はいくらくらいですか？

이 호텔까지 택시비는 얼마쯤 입니까 ?
イ　ホテルカジ　テッシビヌン　オルマチュム　イムニカ
How much will it be to go to this hotel?

時間はどのくらいかかりますか？

시간은 어느 정도 걸립니까 ?
シガヌン　オヌ　　チョンド　コルリムニカ
How long will it take?

この住所 [ここ] へ行ってください。

이 주소 [여기] 로 가 주세요 .
イ　チュソ [ヨギ] ロ　　カ　チュセヨ
Take me to this address[here], please.

荷物をトランクに入れてください。

짐을 트렁크에 넣어 주세요 .
チムル　トゥロンクエ　ノオ　チュセヨ
Please put my luggage in the trunk.

急いでください！

빨리 부탁합니다 !
パルリ　プタッカムニダ
Please hurry!

電話で行き方を話してみてもらえますか？

전화로 가는 길을 가르쳐줄 수 있습니까 ?
チョナロ　カヌン　キルル　カルチョジュル　ス　イッスムニカ
Could you tell the driver the way over the phone?

走り出す前にメーターがちゃんと作動しているかどうか確認を。不審な点があればドライバーに伝えましょう。

基本会話

グルメ

ショッピング

ビューティ

見どころ

エンタメ

ホテル

乗りもの

基本情報

単語集

降りたいときは？

目的地を通り過ぎそうになったり、渋滞に巻き込まれたりして降車したいときは、ドライバーに声をかけましょう。

韓国のタクシーは、一般と模範があります

一般タクシー
일반 택시
イルバン テッシ
オレンジや白などの車体で、模範タクシーより割安。基本的に韓国語しか通じず、サービスに差があることも。

模範タクシー
모범 택시
モボム テッシ
黒塗りの車体に金色のラインと黄色いランプが目印。運転手は厳しい試験をパスしており、安心して乗れる。

ここで停めてください。

여기서 세워 주세요.
ヨギソ セウォ チュセヨ
Can you stop here?

支払い

到着したらメーターに表示された金額を支払います。チップは不要です。クレジットカードやT-moneyが使える車もあります。

ここでちょっと待っていてください。

여기서 좀 기다려 주세요.
ヨギソ チョム キダリョ チュセヨ
Can you wait here for a while?

いくらですか？

얼마인가요?
オルマインガヨ 🔊
How much is it?

> **トラブル**
> 遠回りされるなどのトラブルは以前に比べて減少しましたが、韓国に来て間もないうちは模範タクシーの利用が無難です。

下車

下車するときも扉は自分で開け閉めします。ぼったくりの心配がある場合は、ドライバーの名前と車のナンバーをメモしておきましょう。

領収書 [おつり] をください。

영수증을 [거스름돈을] 주세요.
ヨンスチュンウル [コスルムトヌル] チュセヨ
Could I have a receipt[change], please?

> T-moneyで払うときは"T-moneyでお願いします"T-money로 부탁합니다'「T-money ロ プタッハムニダ」と言いましょう。プサンでは cash bee カードも多いです。

料金がメーターと違います。

요금이 메터와 달라요.
ヨグミ メトワ タルラヨ
The fare is different from the meter.

無事到着
しました〜！

韓国のタクシー活用法＆トラブルについて

なにか困ったことや、ぼったくりなどのトラブルがあったら、韓国観光公社の観光通訳案内1330に電話をすれば、24時間日本語で相談できます。チャットでもOK。車のナンバーやレシートなどを控えておくとスムーズです。緊急時は警察112(日本語可)に連絡しましょう。

行き先をきちんと伝えましょう
行き先を伝えるときは、場所の名前だけでも通じますが、なるべく「東大門まで行ってください」(トンデムンカジ カ チュセヨ)と文章で伝えましょう。旅行者はぼったくりのターゲットになりやすいですが、旅慣れている振りをすることで、被害を未然に防げる場合があります。

乗りものに乗って移動を

地下鉄

地下鉄　지하철　チハチョル

バス

バス　버스　ボス

地下鉄はソウルやプサンの市内を走っているので、便利に使えます。
旅行者が乗りこなすには難しいですが韓国上級者はバスにもチャレンジしてみましょう。

乗り場を探しましょう

地下鉄の入口には電車の絵と
駅番号が表示された案内板
が立っています。付いている色
は、その駅から利用できる路
線の色で、番号はその駅番号。
英語と漢字の表記もあります。

地下鉄の駅はコチラ

駅番号
駅名
案内板の中央に書かれ
た、いちばん目立つハン
グルが駅名

ソウルの地下鉄の切符

交通カード
チャージ式でな
く、地下鉄限定
で1回のみ使用

T-money
交通系ICカー
ド。駅やコンビ
ニに購入とチャ
ージができる。

乗車&下車

列車が来たら、車両側面の行
き先表示を確認して乗車しま
す。下車駅は、車内やホームの
案内表示を確認。

地下鉄・車内にて

次の停車駅

車内に設置されたモニターに次の駅
が表示される

駅名(ハングル)

ホームにある行き先案内板で進行
方向を確認

きっぷ [交通カード/ T-money] はどこで買えますか？

표 [교통카드/티머니]는 어디서 살 수 있습니까?
ピョ　[キョトンカドゥ/ティモニ]　ヌン　オディソ　サル　ス　イッスムニカ
Where can I buy the ticket[transportation cards / T-money]?

カードが券売機から出てきません。

카드가 매표기에서 나오지 않습니다.
カドゥガ　メピョギエソ　ナオジ　アンスムニダ
The card isn't coming out from the machine.

時刻表を見せてください。

시각표를 보여 주세요.
シガッピョルル　ポヨ　チュセヨ
Can I see the time table?

> プサンにはcash beeとい
> う交通系ICカードもありま
> す。T-moneyと同様に、お
> もな都市の地下鉄、バス、
> タクシーなどで使えます。

路線図をください。

노선도를 주세요.
ノソンドルル　チュセヨ
Can I have a railway map?

(路線図を指して)ここに行くには何号線に乗ればよいですか？

여기에 가려면 어느 선을 타면 됩니까?
ヨギエ　カリョミョン　オヌ　ソヌル　タミョン　デムニカ
Which line should I take to get here?

どこで乗り換えですか？

어디서 환승하면 됩니까?
オディソ　ファンスンハミョン　デムニカ
Where should I change trains?

明洞へ行くにはどこで降りればいいですか？

명동에 가려면 어디서 내려야 합니까?
ミョンドンエ　カリョミョン　オディソ　ネリョヤ　ハムニカ
Where should I get off to get to Myeongdong?

基本会話

グルメ

ショッピング

ビューティ

見どころ

エンタメ

ホテル

乗りもの

基本情報

単語集

地下鉄の乗り方は？

1 切符を買う
券売機で日本語表示にし、1回用交通カードを選択。駅と人数を選んで料金投入。(T-moneyのチャージもできる。)

2 改札を通る
改札機にカードをタッチして改札を通る。上り下りで入口が違う場合があるので、行き先を確認してから改札を通ろう。

3 乗車＆下車
案内に従いホームへ進み、乗車。下車駅は車内表示などで確認する。

4 改札を出て払い戻し
1回用交通カード利用の場合は、下車駅の改札を出たらカードの保証金払い戻し機にカードを入れる。

バスについて

韓国のバス路線は複雑で、車内アナウンスも基本的に韓国語。初心者にはハードルが高いなので、バスルートを検索できるアプリなどを活用しましょう。現金が使えないバスもあるため、交通系ICカードのT-moneyがあると便利。

ソウル行きのバスはどこから出ますか？
서울행 버스 정류장은 어디입니까？
ソウレン　ボス　チョンニュジャンウン　オディイムニカ
Where is the bus stop for Seoul?

このバスは釜山に行きますか？
이 버스는 부산에 갑니까？
イ　ボスヌン　ブサネ　カムニカ
Does this bus go to Busan?

東大門に着いたら教えてください。
동대문에 도착하면 알려 주세요．
トンデムネ　トチャカミョン　アルリョ　チュセヨ
Please tell me when we arrive at Dongdaemun.

ここ[次]で降ります。
여기서[다음에] 내려요．
ヨギソ[タウメ]　ネリョヨ
I'll get off here[next].

無事にバスに乗れました～！

帰りの停留所はどこですか？
돌아가는 정류장은 어디입니까？
トラガヌン　チョンニュジャンウン　オディイムニカ
Where is the bus stop for opposite way?

お役立ち単語集 WORD

		入口	입구 イック	明洞	명동 ミョンドン
		出口	출구 チュルグ	ソウル駅	서울역 ソウルリョッ
地下鉄	지하철 チハチョル	改札	개찰구 ケチャルグ	タクシー	택시 テッシ
駅	역 ヨッ	乗り換え	환승 ファンスン	保証金 換金機	보증금 환금기 ポジュンクム　ファンクムギ

両替はこうしましょう

通貨と両替
通貨と換金
トンファワ ファンジョン

旅先で大事なお金のこと。市場などではカードが使えないお店が多いので現金は持っておきましょう。入国したら、まずは空港を出てホテルの客室に落ち着くまでに必要なお金の準備をしましょう。

通貨

韓国の通貨はウォン(W)。紙幣は、1000W、5000W、1万W、5万Wの4種類あります。硬貨は1W、5W、10W、50W、100W、500Wの6種類ありますが、現在1Wと5Wは流通していません。

5万Wは女流書画家の申師任堂、1万Wは李氏王朝4代世宗大王、5000Wは儒学者の李栗谷、1000Wは李退溪の肖像が描かれています。

5万W / 500W
1万W / 100W
5000W / 50W
1000W / 10W

両替のときは?

銀行や両替所、ホテルのフロントなどで両替できますが、パスポートの提示が必要です。両替後は窓口を離れず、その場で金額をよく確認しましょう。少額紙幣を多めに混ぜてもらうと使いやすいです。

日本円を50000ウォン分両替したいのですが。

일본엔을 50000원 환전해 주세요.
イルボネヌル オマヌォン ファンジョネ チュセヨ
I'd like to buy 50000 won with yen.

数字 ➡ P.148

どのようにしましょうか?

어떻게 해드릴까요?
オトッケ ヘドゥリルカヨ
How would you like it?

10000ウォン札を10枚と5000ウォン札を6枚にしてください。

10000원짜리 10장하고 5000원짜리 6장으로 주세요.
マヌォンチャリ ヨルチャンハゴ オチョヌォンチャリ ヨッチャンウロ チュセヨ
I'd like ten 10000 won bills and six 5000 won bills.

数字 ➡ P.148

これをウォンに替えてください。

이걸 원으로 바꿔 주시겠어요.
イゴル ウォヌロ バクォ チュシゲッソヨ
Can you change this into won?

この紙幣をコインに替えてください。

이 지폐를 동전으로 바꿔 주세요 .
イ　チペルル　トンチョヌロ　バクォ　チュセヨ
Please change this bill into coins.

一般に、街中の両
替所、銀行、空港、ホ
テルの順に換金率
が悪くなります。

計算が間違っていると思います。

계산이 잘못된 것 같은데요 .
ケサニ　チャルモッテン　コッ　カトゥンデヨ
I think this is incorrect.

計算書をください。

계산서를 주세요 .
ケサンソルル　チュセヨ
Could I have the receipt?

1000ウォン（を10枚）ください。

1000W（을 10장）주세요 .
チョノォン　ウル　ヨルジャン　チュセヨ
(Ten) 1000W, please.

数字 ◉ P.148

小銭も混ぜてください。

잔돈도 넣어 주세요 .
チャンドンド　ノォ　チュセヨ
Could I have some coins?

無事両替
できました〜！

基本会話 ｜ グルメ ｜ ショッピング ｜ ビューティ ｜ 見どころ ｜ エンタメ ｜ ホテル ｜ 乗りもの ｜ 基本情報 ｜ 単語集

海外の ATM 利用法

VISAやMasterCardなど、国際ブラ
ンドのクレジットカードやデビットカ
ードがあれば、提携ATMで現地通
貨を引き出せます。出発前に海外
利用の可否、限度額、手数料、暗証
番号などを確認しておきましょう。

夜間の利用は避け
よう。路上よりも空
港や銀行にある
ATMのほうが安全

---

1. カードを挿入し、言語を選択する。

2.「暗証番号を
　入力してください」

4桁の暗証番号
（PIN）を入力。

3.「取引内容を
　選択してください」

「WITHDRAWAL
（引き出し）」を選択。

4.「取引口座と金額を選んでください」

クレジットカードは「CREDIT」、デビットカードは
「SAVINGS」を選択。引き出す額は、表示金額から
選ぶか入力します。

131

手紙や小包を出してみましょう

郵便と宅配便
우편과 배달
ウピョングヮ　ペタル

海外から、手紙で旅の報告をしましょう。
買い込んだおみやげを送ってしまえば、身軽に旅を続けられます。

郵便局を探しましょう

赤い看板と鳥のモチーフが目印。街なかの小さな郵便局でも国際郵便を送ることはできますが、明洞にあるソウル中央郵便局は簡単な英語や日本語が通じるので利用しやすいです。

切手はどこで買えますか？

우표는 어디서 사나요?
ウピョヌン　オディソ　サナヨ
Where can I buy some stamps?

郵便局［ポスト］はどこですか？

우체국은 [포스트는] 어디예요?
ウチェググン［ポストゥヌン］　オディエヨ
Where is the post office[mailbox]?

荷物はどうやって送るの？

荷物を持って郵便局の赤色の窓口へ行き、送り状に宛名や内容などを記入して、料金を支払います。梱包用の箱は郵便局でも買えます。重くて運べない荷物は、EMSや国際宅配便の集荷サービスを利用すると便利。送れない品物もあるので確認しましょう。

これを日本に送りたいのですが。

일본으로 보내고 싶은데요.
イルボヌロ　ポネゴ　シプンデヨ
I'd like to send this to Japan.

何日ぐらいで届きますか？

며칠 걸리나요?
ミョチル　コルリナヨ
How long does it take to get there?

韓国のポスト

区内あて　　その他の地域

POST

日本へ送る場合は、向かって右の投函口へ。

速達にしてください。

속달로 보내 주세요.
ソッタルロ　ポネ　チュセヨ
Can you send it by express?

日本までいくらかかりますか？

일본까지 부치는데 얼마예요.
イルボンカジ　プチヌンデ　オルマエヨ
How much is the postage to Japan?

航空便だと500ウォン、船便だと410ウォンかかります。

항공편은 500 원이고, 배편은 410 원이에요.
ハンゴンピョヌン　オベグォニゴ　ペピョヌン　サベッシプォニエヨ
500 won for air, and 410 won for ship.
数字 ➡ P.148

132

おもな発送方法

国際小包やEMSをはじめ、さまざまな発送方法があります。料金が高いほど配達が早く、オンライン集荷や荷物追跡、紛失・破損時の補償などのオプションが充実しています。

●国際小包(航空便/船便)
最大20kgまでの荷物を送れます。日本への配送は、航空便は1週間、船便は1カ月程度。

●EMS
通常は最大30kgまで。料金は高めですが、早ければ数日で日本へ届きます。

●国際宅配便
DHLやFedEXなどの国際宅配会社のサービス。料金は割高ですが、日本へ最短1～2日で届くこともあります。

無事
送れましたー!

日本に荷物を送りたいのですが。

일본으로 짐을 보내고 싶은데요.
イルボヌロ　チムル　ポネゴ　シプンデヨ
I'd like to send a package to Japan.

ダンボール箱とテープをもらえますか?

골판지 박스와 테이프를 주세요.
コルパンジ　パックスワ　テイプルル　チュセヨ
Could I have a box and a tape?

伝票の書き方を教えてください。

전표의 서식을 가르쳐 주세요.
チョンピョエ　ソシグル　カルチョ　チュセヨ
Could you tell me how to write an invoice?

割れ物が入っています。

깨지기 쉬운 물건이 들어 있습니다.
ケジギ　シウン　ムルゴニ　トゥロ　イッスムニダ
There is a fragile item in here.

宛先の書き方

●はがきや封書の場合

送付元:
日本語でもOK。
日本の住所を書いてもよい

POST CARD
TAKUMI NAKAMURA
PLAZA HOTEL
Seoul, Korea

切手(郵便局やホテルで買える)

東京都中央区中央1-1-1
織田雅子様

送付先:宛名は日本語でOK

JAPAN

英語で表記

航空便:
朱字で書く → AIR MAIL

お役立ち単語集 WORD

はがき	엽서 ヨッソ	切手	우표 ウピョ	割れ物注意	파손 주의 パソン チュイ
		封書	봉투 ポントゥ	取り扱い注意	취급 주의 チュグッ チュイ
		印刷物	인쇄물 インセムル	小包	소포 ソポ

基本会話 / グルメ / ショッピング / ビューティ / 見どころ / エンタメ / ホテル / 乗りもの / 基本情報 / 単語集

133

電話をかけてみましょう　電話 전화 チョナ

レストランやエステなどの予約はもちろん、緊急時に電話が使えると便利で心強いです。
宿泊しているホテルや日本大使館の番号を控えておくとより安心です。

電話をかける方法は？
公衆電話は空港や駅などにありますが、数は少ないので、海外利用OKな携帯電話や、ホテル客室の電話を使うほうが便利。国際電話もかけられます。

電話をかけましょう
※国際電話
○ダイヤル直通電話

・一般電話
(例)東京03-1234-5678
へかける
ホテルからかけるときは、ホテルの外線番号
　　　　　日本の国番号
●-001-81-3-1234-5678
国際電話　市外局番の
識別番号　最初の0はとる

・携帯電話
(例)日本090-1234-5678
へかける
ホテルからかけるときは、ホテルの外線番号
　　　　　日本の国番号
●-001-81-90-1234-5678
国際電話　認識番号の
識別番号　最初の0はとる

○コレクトコール(料金受信人払い)でかける
KDDIジャパンダイレクトのアクセス番号00722-081にかけて、日本語オペレーターに相手の電話番号と名前を伝えると、コレクトコールで繋いでくれます。

※国内電話
韓国国内の番号に電話する場合は、局番からそのままかけます。

公衆電話はどこにありますか？

공중전화는 어디에 있나요 ?
コンジュンチョナヌン　オディエ　インナヨ 🔊
Where is the pay phone?

もしもし、シェラトンホテルですか？

여보세요 . 쉐라톤 호텔인가요 ?
ヨボセヨ　　　　シェラトンホテリンガヨ 🔊
Hello. Is this the Sheraton Hotel?

1102号室のミヤケアイコさんをお願いします。

1102호실 미야케 아이코 씨와 통화할 수 있나요 ?
チョンベギホシル　ミヤケ　　アイコ　　シワ　トンファハル ス　インナヨ 🔊
May I speak to Ms. Miyake Aiko in room 1102?　　　　　数字 🔊 P.148

少々お待ちください。

잠깐 기다려 주세요 .
チャムカン　キダリョ　チュセヨ
Just a moment, please.

伝言をお願いできますか？

메시지를 남겨도 될까요 ?
メシジルル　　ナムギョド　デルカヨ 🔊
Can I leave a message?

また後でかけ直します。

다시 하겠습니다 .
タシ　　ハゲッスムニダ
I'll call again later.

ナカムラから電話があったと伝えてください。

나카무라가 전화했다고 전해 주세요 .
ナカムラガ　　　　チョナヘッタゴ　　チョネ　チュセヨ
Please tell her that Nakamura called.

基本会話

グルメ

ショッピング

ビューティ

見どころ

エンタメ

ホテル

乗りもの

基本情報

単語集

国際電話会社の識別番号

マイライン/マイラインプラスの「国際通話」未登録の固定電話からかける場合は、最初に国際電話会社の番号をダイヤルします。
ソフトバンク:0061
※2024年1月以降は原則不要になる予定

電話をするときは、手元にメモを用意しておこう。

携帯電話の利用について

日本の携帯やスマホを海外で使う場合は、高額請求を避けるため、事前に料金や設定を確認しておきましょう。SIMフリーの機種なら、現地で利用できるプリペイドSIMを購入する方法もあります。

通話アプリの注意点

LINEやFaceTimeなどのアプリを使うと無料で通話できますが、データ通信料はかかります。フリーWiFiや海外パケット定額などを利用しましょう。データローミングなどの設定も確認を。

韓国への国際電話のかけ方は？

相手に直接かけるのが最も簡単で早い方法です。
日本から韓国の
(例)02-123-4567
へかける場合。

国際電話会社の識別番号
↓　　　韓国の国番号
●-010-82-2-123-4567
↑　　　　　↑
国際電話識別番号　　市外局番の最初の0はとる

もっとゆっくり話してもらえますか？

천천히 말씀해 주세요 .
チョンチョニ　マルスメ　チュセヨ
Could you speak more slowly?

ごめんなさい、間違えました。

미안합니다 . 잘 못 걸었습니다 .
ミアナムニダ　チャル　モッ　コロッスムニダ
I'm sorry. I have the wrong number.

携帯電話をレンタルしたいのですが。

핸드폰을 빌리고 싶은데요 .
ヘンドゥポヌル　ビルリゴ　シプンデヨ
I'd like to rent a cell phone.

コレクトコールで日本に電話をかけたいのですが。

콜렉트 콜로 일본으로 전화를 걸고 싶은데요 .
コルレットゥ　コロ　イルボヌロ　チョナルル　コルゴ　シプンデヨ
I'd like to make a collect call to Japan.

この電話からかけられますか？

이 전화로 전화할 수 있나요 ?
イ　チョナロ　チョナハル　ス　インナヨ 🔊
Can I make a call from this phone?

日本語を話せる人はいますか？

일본어를 하시는 분이 계시나요 ?
イルボノルル　ハシヌン　プニ　ケシナヨ 🔊
Is there anyone who speaks Japanese?

無事電話
できました〜！

ネットを活用しましょう

インターネット

인터넷
인트넷

現地での情報収集はもちろん、通信手段としても、
旅行先でのインターネット利用は欠かせませんね。

ネットを利用するには？

● WiFiスポットを活用
空港やホテル、カフェやレストランなど、多くの場所で無料WiFiが利用できます。ソウルでは市内各所で公共の無料WiFiも利用可。速度はまちまちで、時間制限があることも。パスワードが不明ならスタッフに聞きましょう。

● 海外パケット定額を利用
携帯電話会社の海外パケット定額サービスは、1時間や1日など、好きなタイミングで使えて便利。日本の契約プランのデータ量を使えるもの。申し込みや設定が必要で、格安SIMは対象外のこともあります。

● WiFiルーターを借りる
日本の空港などでもレンタルできる海外用WiFiルーターは、複数台を同時に接続できて便利。ルーターの持ち歩きと充電、受取・返却が必要です。

● プリペイドSIMカード購入
データ通信量や期間などが決まっている前払い式の海外用SIMカード。SIMフリー機種が必要です。SIMカードの入れ替えが不要なeSIMが便利。

ホテルに無料の Wi-Fi はありますか？

호텔에 무료 Wi-Fi 가 있나요 ?
ホテレ　ムリョ　ワイファイガ　インナヨ
Do you have a free Wi-Fi?

Wi-Fi のパスワードを教えてもらえますか？

Wi-Fi 비밀번호를 알 수 있을까요 ?
ワイファイ　ビミルボンホルル　アルス　イッスルカヨ
Can I have the Wi-Fi password?

部屋でインターネットを使うことはできますか？

방에서 인터넷을 쓸 수 있나요 ?
バンエソ　イントネスル　スルス　インナヨ
Can I use the internet in my room?

近くで Wi-Fi を使えるところはありますか？

근처에 Wi-Fi 쓸 수 있는 곳이 있나요 ?
クンチョエ　ワイファイ　スルス　インヌン　ゴシ　インナヨ
Where can I find free Wi-Fi around here?

ポケット Wi-Fi の貸出はありますか？

포켓 Wi-Fi 대여가 되나요 ?
ポケッ　ワイファイ　デヨガ　デナヨ
Can I borrow a pocket Wi-Fi?

無料WiFiはセキュリティに問題があることも。提供元がわからないWiFiへのアクセス、IDやパスワードなど個人情報の入力は避けましょう。

136

基本会話

グルメ

ショッピング

ビューティ

見どころ

エンタメ

ホテル

乗りもの

基本情報

単語集

インターネットカフェ利用法

韓国版ネットカフェ「PCバン」は、高性能マシンを
リーズナブルに使えるので人気。日本とちがって、セ
ルフサービスの店が多く、店内の機械で利用時間分の
料金を先払いするシステムが一般的です。

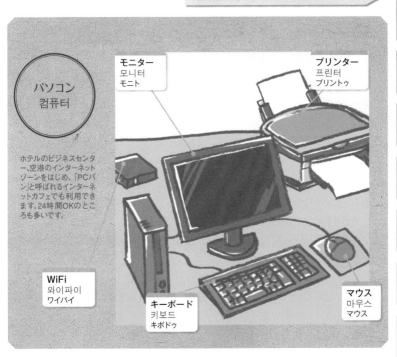

パソコン
컴퓨터

ホテルのビジネスセンター、空港のインターネットゾーンをはじめ、「PCバン」と呼ばれるインターネットカフェでも利用できます。24時間OKのところも多いです。

モニター
모니터
モニト

プリンター
프린터
プリントゥ

WiFi
와이파이
ワイパイ

キーボード
키보드
キボドゥ

マウス
마우스
マウス

すぐに使えるトラブルフレーズ

LAN[WiFi]の接続がうまくいきません。見てもらえませんか?
LAN [WiFi]의 접속이 잘되지 않아요 , 봐 줄 수 있어요 ?
レン [ワイパイ]エ チョッソギ チャルデジ アナヨ ブァ チュル ス イッソヨ

マウスの調子が悪いです。
마우스 상태가 나빠요 .
マウス サンテガ ナバヨ

フリーズしました。
프리즈했습니다 .
プリズヘッスムニダ

137

もしものために **緊急・トラブルに備えましょう**

いざというときに身を守るために、知っておきたいフレーズを集めました。
重大な事態を回避するためにも、ぜひ目を通しておきましょう。

助けを呼ぶ

助けて！
도와주세요!
トワジュセヨ
Help me!

やめて！
하지 마!
ハジ マ
Stop it!

一緒に来て！
따라 와 주세요!
タラ ワ チュセヨ
Come with me!

聞いて！
들어봐요!
トゥロブァヨ
Listen!

警察を呼んで！
경찰을 불러 주세요!
キョンチャルル プルロ チュセヨ
Call the police!

泥棒！
도둑이야!
トドゥギヤ
Thief!

その男［女］をつかまえて！
저 남자[여자] 좀 잡아 줘요!
チョ ナムジャ ［ヨジャ］チョム チャバ ジュォヨ
Catch that man[woman]!

だれか！
누군가 좀 도와줘요!
ヌグンガ チョム トワジュォヨ
Somebody!

お金のもちあわせはありません。
갖고 있는 돈은 없습니다 .
カッコ インヌン トヌン オッスムニダ
I don't have any money.

これで全部です。
이것이 전부입니다 .
イゴシ チョンブイムニダ
That's all.

殺さないで！
살려줘요!
サルリョジョヨ
Don't kill me!

出ていけ！
나가요!
ナガヨ
Get out!

医者を呼んでください。
의사를 불러 주세요
ウイサルル プルロ チュセヨ
Call a doctor.

脅迫ことば

動くな!
꼼짝 마!
コムチャッ　マ
Don't move!

止まれ!
멈춰!
モムチュォ
Stop!

金を出せ!
돈을 꺼내!
トヌル　コネ
Give me the money!

静かにしろ!
조용히!
チョヨンヒ
Be quiet!

手を上げろ!
손을 들어!
ソヌル　トゥロ
Hands up!

隠れろ!
숨어라!
スムォラ
Hide!

紛失・盗難

パスポート[カード]をなくしました。
여권을 [카드를]잃어 버렸어요 .
ヨグォヌル [カドゥルル] イロ　ボリョソヨ
I lost my passport[credit card].

ここに電話してください。
여기에 전화해 주세요 .
ヨギゲ　チョナヘ　チュセヨ
Call here.

バッグ[財布]を盗まれました。
가방을 [돈지갑을] 도난당했어요 .
カバンウル [トンジガブル]　トナンダンヘッソヨ
I had my bag[wallet] stolen.

日本語を話せる人はいますか?
일본어를 하시는 분은 있어요 ?
イルボノルル　ハシヌン　ブヌン　イッソヨ ➋
Is there anyone who speaks Japanese?

日本大使館はどこですか?
일본대사관은 어디인가요 ?
イルボンデサグァヌン　オディインガヨ ➋
Where is the Japanese Embassy?

139

緊急・トラブルに備えましょう

トラブルに対処するために

警察に届けたいのですが。

경찰에 신고 하려고 하는데요 .

キョンチャレ　シンゴ　ハリョゴ　ハヌンデヨ

I'd like to report it to the police.

盗難証明書を作ってください。

도난 증명서를 만들어 주세요 .

トナン　チュンミョンソルル　マンドゥロ　チュセヨ

Could you make out a report of the theft?

私の荷物が見つかりません。

짐을 못 찾았어요 .

チムル　モッ　チャジャッソヨ

I can't find my baggage.

どこに置き忘れたかわかりません。

어디서 잃어 버렸는지 모르겠어요 .

オディソ　イロ　ボリョンヌンジ　モルゲッソヨ

I'm not sure where I lost it.

どこに届け出ればいいですか?

어디다 신고해야 하나요 ?

オディダ　シンゴヘヤ　ハナヨ

Where should I report to?

あそこの遺失物係へ届け出てください。

저기 분실물 센터에 신고하세요 .

チョギ　ブンシルムル　セントゥエ　シンゴハセヨ

Please report to the lost-and-found over there.

140

基本会話

グルメ

ショッピング

ビューティ

見どころ

エンタメ

ホテル

乗りもの

基本情報

単語集

見つかりしだい、ホテルに連絡してください。

찾는 대로 호텔에 전화해 주세요 .
チャンヌン デロ ホテレ チョナヘ チュセヨ
Please call my hotel as soon as you find it.

タクシーにバッグを置き忘れました。

택시에 가방을 두고 내렸어요 .
テッシエ カバンウル トゥゴ ネリョソヨ
I left my bag in the taxi.

ここに置いたカメラがなくなりました。

여기에다 카메라를 뒀는데 없어졌어요 .
ヨギエダ カメラルル トゥォンヌンデ オッソジョッソヨ
I left my camera here and now it's gone.

お役立ち単語集 WORD

	電話	전화 チョナ	日本大使館	일본대사관 イルボンデサグァン
	お金	돈 トン	パスポート	여권 ヨクォン
警察 경찰 キョンチャル	住所	주소 チュソ	スリ	소매치기 ソメチギ
救急車 구급차 クグッチャ	トラベラーズチェック	여행자 수표 ヨヘンジャ スピョ	保安係	경호원 キョンホウォン
紛失 분실 プンシル	クレジットカード	신용 카드 シニョン カドゥ	免許証	면허증 ミョノチュン

memo
クレジットカード紛失時連絡先

航空会社

ホテル

海外旅行保険

日本語 OK の医療機関

memo

141

緊急・トラブルに備えましょう

病気・ケガ

気分が悪いです。
몸이 안 좋아요.
モミ　アン　チョアヨ
I feel sick.

頭痛がします。
머리가 아파요.
モリガ　アパヨ
I have a headache.

めまいがします。
어지러워요.
オジロウォヨ
I feel dizzy.

吐き気がします。
구역질이 나요.
クヨッチリ　ナヨ
I feel nauseous.

熱があるようです。
열이 있는 것 같은데요.
ヨリ　イッヌン　コッ　カトゥンデヨ
I think I have a fever.

おなかが痛いです。
배가 아파요.
ペガ　アパヨ
I have a stomach ache.

血液型は<u>B</u>型です。
혈액형은 B 형입니다.
ヒョレキョンウン　ビヒョンイムニダ
My blood type is B.

診断書をお願いします。
진단서를 부탁합니다.
チンダンソルル　ブタカムニダ
Can I have a medical certificate?

歯が痛みます。
치통이 있어요.
チトンイ　イソヨ
I have a toothache.

足首をねんざしました。
발을 삐었어요.
バルル　ビオッソヨ
I sprained my ankle.

腕の骨を折ったようです。
팔이 부러진 것 같아요.
パリ　プロジン　コッ　カタヨ
I think I broke my arm.

手をやけどしました。
손에 화상을 입었어요.
ソネ　ファサンウル　イボッソヨ
I burned my hand.

ナイフで指を切りました。
칼에 손을 베었어요.
カレ　ソヌル　ベオッソヨ
I cut my finger with a knife.

142

基本会話

グルメ

ショッピング

ビューティ

見どころ

エンタメ

ホテル

乗りもの

基本情報

単語集

頭	머리 モリ	あご	턱 トッ
こめかみ	관자놀이 クァンジャノリ	首	목 モッ
額	이마 イマ	のど	목구멍 モックモン
頬	볼 ボル		
目	눈 ヌン		
耳	귀 クゥイ		
鼻	코 コ		
歯	이 イ		

~痛い。

~아프다.
アプダ

◯◯◯◯hurts.

肩	어깨 オケ
胸	가슴 カスム
腹	배 ベ
腕	손목 ソンモッ
ひじ	팔꿈치 パルクムチ
手	손 ソン
手首	손목 ソンモッ
指	손가락 ソンカラッ
爪	손톱 ソントッ
背中	등 トゥン
わきの下	겨드랑이 キョドゥランイ
肌	피부 ピブ
下腹	아랫배 アレッベ
みぞおち	명치 ミョンチ
へそ	배꼽 ペコッ
腰	허리 ホリ
尻	엉덩이 オンドンイ
陰部	음부 ウムブ

足	발 パル
太もも	허벅지 ホボッジ
ひざ	무릎 ムルッ
すね	정강이 チョンガンイ
ふくらはぎ	종아리 チョンアリ
足首	발목 パルモッ
つま先	발끝 パルクッ
かかと	뒤꿈치 トゥイックムチ

お役立ち単語集 WORD		下痢	설사 ソルサ	歯痛	치통 チトン
		風邪	감기 カムギ	寒気	오한 オハン
時差ボケ	시차병 シチャビョン	骨折	골절 コルチョル	切り傷	칼자국 カルチャグッ
寝不足	수면 부족 スミョン プジョッ	ねんざ	염좌 ヨムジュア	薬	약 ヤッ

日本を紹介しましょう

旅先で親しくなった外国の人々に、その国の言葉で、日本を紹介しましょう

⬜ **は日本でとても人気がある料理です。**

⬜ **는 일본에서 매우 인기있는 반찬입니다.**

⬜ ヌン イルボネソ カジャン インキ インヌン バンチャ
ニムニダ

Point 韓国に行ったら、もしかして日本のことについても聞かれるかもしれません。
そんなとき、少しでも紹介できるとうれしいですよね。まずは食べ物からです。

寿司

스시
スシ

스시는 식초로 양념을한
スシヌン シッチョロ ヤンニョルルハン
밥에 어패류의 생선회를
パベ オペリュエ センソンフェルル
얹은 것입니다.
オンジュン コシムニダ

寿司は酢で味を付けた飯に魚介
類の刺身をのせたものです。

てんぷら

튀김
トゥイギム

야채나 해산물 등에 물로
ヤチェナ ヘサンムル ドゥンエ ムルロ
풀어진 밀가루를 발라,
プロジン ミルカルルル パルラ
기름으로 튀긴 것입니다.
キルムロ ティギン コシムニダ

野菜や魚介類などに、小麦粉を水で溶いて
作ったころもをつけて油で揚げたものです。

お好み焼き

오코노미야끼
オコノミヤキ

물 등으로 푼 밀가루에 고기와
ムル ドゥンウロ プン ミルカルエ コギワ
야채, 해산물 등을 섞은 것을
ヤチェ ヘサンムル ドゥンウル ソクン コスル
철판 등으로 구운 것입니다.
チョルパヌ ドゥンウロ クウン コシムニダ

水などで溶いた小麦粉に、肉や野菜、魚介類な
どを混ぜたものを鉄板などで焼いたものです。

すきやき

스키야키
スキヤキ

쇠고기를 얇게 썰어 두부
スェコギルル ヤルケ ソロ ドゥブ
나 야채와 함께 간장
ナ ヤチェワ ハムケ カンジャン
소스로 익히는 것입니다.
ソスロ イキヌン コシムニダ

牛肉の薄切りを豆腐や野菜とともに
醤油ベースのタレで煮るものです。

おでん

오뎅
オデン

어묵종류 또 무 야채 등
オムッチョンニュ ト ム ヤチェ ドゥン
다양한 재료를 육수로
タヤンハン チェリョルルユッスロ
삶은 것입니다.
サルムン コシムニダ

練り物や大根、野菜などのさまざま
な具をだし汁で煮込んだものです。

焼き鳥

닭 꼬치
タッコチ

닭고기 등을 꼬치에 꿰어,
タッコギ ドゥンウル コチエ クェオ
소스 나 소금을 묻혀
ソス ナ ソグムル ムッチョ
구운 것입니다.
クウン コシムニダ

鶏肉などを串に刺して、タレや塩を
まぶしてあぶったものです。

| は日本でとても人気がある観光地です。

| 는 일본에서 매우 인기있는 관광지입니다.

ヌン イルボネソ メウ　インキインヌン　クァングァンジイ　ムニダ

Point　日本の地名や観光地は、ほとんど日本語と同じ発音で OK なので紹介しやすいですね。まずは、そこがどんな場所なのかをわかってもらいましょう。

富士山

후지산
フジサン

일본에서 가장 높은 산으로
イルボネソ カジャン ノプン サヌロ

해발 3776 미터입니다 .
ヘバル サムチョンチルベッチルシムユッミトイムニダ

5고메까지 차로 갈 수 있습니다 .
オゴメカジ チャロ カル ス イッスムニダ

日本で最も高い山で、海抜3776メートルあります。5合目まで車で行くことができます。

知床

시레토코
シレトコ

홋카이도의 동쪽끝에 있는 반도
ホッカイドエ ドンチョッグテ インヌン バンド

일대인데 2005년에 세계자
イルテインデ イチョォニョネ セゲジャ

연유산으로 등록되었습니다 .
ヨンユサヌロ トゥンノッデオッスムニダ

北海道の東端にある半島一帯で、2005年に世界自然遺産に登録されました。

屋久島

야쿠시마
ヤクシマ

가고시마 현의 섬 중 하나로 ,
カゴシマ ヒョネ ショム ジュン ハナロ

세계유산입니다 . 풍부한 자연과
セギェユサイムニダ ブンプハン チョングァ

야쿠 삼나무로 유명합니다 .
ヤク サヌナムロ ユミョンハムニダ

鹿児島県の島のひとつで、世界遺産。豊かな自然と屋久杉で有名です。

京都

교토
キョト

많은 문화 유산 , 전통 산
マヌン ムナ ユサン チョントン サ

업을 지금에 전하는 일본
ノブル チグメ チョンハヌン イルボ

의 역사적인 도시입니다 .
ネ ヨッサチョギン トシイムニダ

多くの文化遺産、伝統産業を今に伝える日本の歴史的な都市です。

秋葉原

아키하바라
アキハバラ

주변에 전기 제품과 애니메이션
チュビョネ チョンギ チェプムグァ エニメイション

상품이 갖추어 많은 외국인
サンプミ カッチュオ マヌン ウェグギン

관광객도 들리는 곳입니다 .
クァングァンゲット トゥルリヌン コシムニダ

周辺に電気製品やアニメグッズの店が揃い、多くの外国人観光客も訪れる東京の街です。

大阪

오사카
オサカ

서일본의 경제 , 문화의
ソイルボネ キョンジェ ムナエ

중심에서 풍부한
チュシメソ ブンプハン

음식문화가 매력입니다 .
ウムシッムナガ メリョギムニダ

西日本の経済・文化の中心で、豊かな食文化が魅力です。

日本を紹介しましょう

は日本の伝統文化です。

　　　　　　　　는 일본의 전통문화입니다.

ヌン　イルボネ　チョントンムナイムニダ

Point　「伝統文化」を紹介するのはちょっと苦労するかもしれません。
ジェスチャーもまじえて相手に伝えてみるのもいいでしょう。

歌舞伎

가부키
カブキ

에도 시대부터 계속되는 일본의 전통
エド　シデブト　ケソッテヌン　イルボネ　チョントン

예능입니다. 남자 역도 여자 역도 남자
イェノンイムニダ　ナムジャ　ヨット　ヨジャ　ヨット　ナムジャ

배우가 연기하는것이 특징입니다.
ベウガ　ヨンギハヌンゴシ　トゥッチォイムニダ

江戸時代から続く、日本の伝統芸能です。男
性役も女性役も男優が演じるのが特徴です。

相撲

스모
スモ

씨름판에서 2명의 레슬러가
シルムパネソ　トゥミョンエ　レスルロガ

경쟁하는 일본의
キョンジェンハヌン　イルボネ

전통 스포츠입니다.
チョントンスポツイムニダ

土俵上で2人の力士が競い合う、
日本の伝統的なスポーツです。

茶道

다도
タド

전통적 예식에 따라
チョントンチョッ　イェシゲ　タラ

가루차를 드리는
カルチャルル　トゥリヌン

격식입니다.
キョッシギムニダ

伝統的な様式にのっとり、抹茶を
振る舞う行為のことです。

華道

화도
ファド

화초등을 끊어 화병에
ファチョドゥンウル　クノ　ファビョンエ

꽂아 감상하는 일본의
コジャ　カムサンハヌン　イルボネ

전통예술입니다.
チョントンイェスリムニダ

草花などを切り、花器などに挿し
て鑑賞する日本の伝統芸術です。

俳句

하이쿠
ハイク

5,7,5세절 열일곱자로 구성된 일
5,7,5セジョル　ヨリルコッチャロ　クソンデン　イル

본 고유의 시로서 계절을 나타내는
ボン　コユエ　シロソ　ケジョルル　ナタネヌン

계절구로 심정을 표현합니다.
ケジョルグロ　シムジョンウル　ピョヒョンハムニダ

五・七・五の三句十七音から成る日本独自の詩
で、季節を表す「季語」を使い心情を表現します。

落語

만담
マンダム

요세라는 연예장등에서 진행되는
ヨセラヌン　ヨネジャンドゥンエソ　チンヘンデヌン

전통적인 말예술인데, 일상생
チョントンジョギン　マルイェスリンデ　イルサンセン

활중의 재미나는 얘기를 합니다.
ファルジュンエ　チェミナヌン　イェギルル　ハムニダ

寄席と呼ばれる演芸場などで行われる、日常
を滑稽な話として語る伝統的な話芸です。

日本の人口は
約1億2千万人です。

일본의 인구는 약 1억 2천만입니다.
イルボネ イングヌヌ ヤッ イロッ イチョンマニムニダ
The population of Japan is about 120 million.

数字 ⑳ P.148

日本の首都は
東京です。

일본의 수도는 도쿄입니다.
イルボネ スドヌン トキョイムニダ
The capital of Japan is Tokyo.

夏になると
台風が増えます。

여름이 되면 태풍이 많아집니다.
ヨルミ デミョン テプンイ マナジムニダ
There are many storms in summer.

日本は地震が
多いです。

일본은 지진이 많습니다.
イルボヌン チジニ マンスムニダ
We have many earthquakes in Japan.

日本は少子化が
進んでいます。

일본은 저출산이 심각해지고 있습니다.
イルボヌン チョチュルサニ シムガケジゴ イッスムニダ
Birthrate is dropping in Japan.

日本では韓流ドラマは
とても人気があります。

일본에서 한류 드라마는 매우 인기가 있습니다.
イルボネソ ハルリュ トゥラマヌン メウ インキガ イッスムニダ
Korean drama is very popular in Japan.

玉木宏は日本の有名
な俳優です。

타마키 히로시은 일본의 유명한 배우입니다.
タマキ ヒロシ ヌン イルボネ ユミョンハン ペウイムニダ
Tamaki Hiroshi is a famous Japanese actor.

綾瀬はるかは日本の
有名な女優です。

아야세 하루카는 일본의 유명한 여배우입니다.
アヤセ ハルカ ヌン イルボネ ユミョンハン ヨベウイムニダ
Ayase Haruka is a famous Japanese actress.

日本では女子サッカー
も人気があります。

일본에서 여자 축구도 인기 있습니다.
イルボネソ ヨジャ チュックト インキ イッスムニダ
Woman's soccer is very popular in Japan.

日本にはたくさんの温
泉があります。

일본에는 많은 온천이 있습니다.
イルボネヌン マヌン オンチョニ イッスムニダ
There are many hot springs in Japan.

日本の夏は蒸し暑い
です。

일본의 여름은 무덥습니다.
イルボエ ヨルムン ムドッスムニダ
It is humid in summer in Japan.

東京スカイツリー®は東京
で人気のある観光地です。

도쿄 스카이 트리는 도쿄에서 인기있는 관광지입니다.
トキョ スカイ トゥリヌン トキョエソ インキインヌン クァングァンジイムニダ
Tokyo Skytree is the popular place to visit in Tokyo.

基本単語を使いこなしましょう

数字、月、曜日や時間は、どんなときでも必要な基本的な単語です。
事前に覚えておくと旅行先でとても便利ですよ。

数字

0	1	2	3	4
영/공(固有数字/漢数字)	하나(한)／일	둘(두)／이	셋(세)／삼	넷(네)／사
ヨン／コン	ハナ（ハン）／イル	トゥル（トゥ）／イ	セッ（セ）／サム	ネッ（ネ）／サ

5	6	7	8	9
다섯／오	여섯／육	일곱／칠	여덟／팔	아홉／구
タソッ／オ	ヨソッ／ユッ	イルコプ／チル	ヨドル／パル	アホプ／ク

10	11	12	13	14
열／십	열하나(열한)／십일	열둘(열두)／십이	열셋(열세)／십삼	열넷(열네)／십사
ヨル／シッ	ヨルハナ（ヨルハン）／シビル	ヨルトゥル（ヨルトゥ）／シビ	ヨルセッ（ヨルセ）／シッサム	ヨルネッ（ヨルネ）／シッサ

15	16	17	18	19
열다섯／십오	열여섯／십육	열일곱／십칠	열여덟／십팔	열아홉／십구
ヨルタソッ／シボ	ヨルヨソッ／シムニュッ	ヨルイルコプ／シッチル	ヨルヨドル／シッパル	ヨルアホプ／シック

20	21	22	30	40
스물／이십	스물하나(스물한)／이십일	스물둘(스물두)／이십이	서른／삼십	마흔／사십
スムル／イシッ	スムラナ（スムラン）／イシプイル	スムトゥル（スムルト）／イシビ	ソルン／サムシッ	マフン／サシプ

50	60	70	80	90
쉰／오십	예순／육십	일흔／칠십	여든／팔십	아흔／구십
スィン／オシプ	イェスン／ユッシプ	イルフン／チルシプ	ヨドゥン／パルシプ	アフン／クシプ

100	1000	10000	10万	100万
백	천	만	십만	백만
ペッ	チョン	マン	シムマン	ペンマン

億	0.1	1/4	2倍	3倍
억	영점 일	사분의 일	2배	3배
オッ	ヨンジョム イル	サプネ イル	トゥベ	セムベ

1番目の	2番目の	3番目の
첫번째	두번째	세번째
チョッポンチェ	トゥポンチェ	セポンチェ

何度も使って
覚えましょう！

基本会話

グルメ

ショッピング

ビューティ

見どころ

エンタメ

ホテル

乗りもの

基本情報

単語集

韓国語数字のきほん

◆韓国の数字の言い方は1〜99までは2通りあります。日本語の「1つ、2つ…」にあたる言い方(固有数字)と「1、2…」にあたる言い方(漢数字)です。

◆固有数字は個数、人数、年齢を言うときなどに使

います。最後に1〜4がつく数と20の位は、後に単位がくると( )内のように変化します。漢数字は値段、年月、建物の階数、「〜人前」などに使います。

月・季節

1月	2月	3月	4月
일월	이월	삼월	사월
イロル	イウォル	サムォル	サウォル
5月	**6月**	**7月**	**8月**
오월	유월	칠월	팔월
オウォル	ユウォル	チルォル	パルォル
9月	**10月**	**11月**	**12月**
구월	시월	십일월	십이월
クウォル	シウォル	シビルォル	シビウォル
春	**夏**	**秋**	**冬**
봄	여름	가을	겨울
ボム	ヨルム	カウル	キョウル

日本には<u>2</u>月<u>9</u>日に帰ります。

나는 일본에 2 월 9 일에 돌아갑니다.
ナヌンイルボネ　イウォル　クイレ　トラガムニダ
I'm going back to Japan on February 9 th.

- -

曜日

日曜	月曜	火曜	水曜	木曜	金曜	土曜
일요일	월요일	화요일	수요일	목요일	금요일	토요일
イリョイル	ウォリョイル	ファヨイル	スヨイル	モギョイル	クミョイル	トヨイル

平日		休日		祝日		
평일		휴일		국경일		
ピョンイル		ヒュイル		クッキョンイル		

今日 [明日/昨日] は何曜日ですか?

오늘은 [내일은／어제는] 무슨 요일입니까? 🔊
オヌルン [ネイルン／オジェヌン] ムスンヨイリムニッカ
What day is today [tomorrow / yesterday]?

今日 [明日/昨日] は月曜日です。

오늘은 [내일은／어제는] 월요일입니다.
オヌルン [ネイルン／オジェヌン] ウォリョイリムニダ.
It is Monday today [tomorrow]. [It was Monday yesterday.]

149

基本単語を使いこなしましょう

時

朝	昼	夕	夜	午前
아침	점심	저녁	밤	오전
アチム	チョムシム	チョニョッ	バム	オジョン
午後	**昨日**	**今日**	**明日**	**あさって**
오후	어제	오늘	내일	모레
オフ	オジェ	オヌル	ネイル	モレ

1日前	2日後	1時間	30分間
일일전	이일후	한시간	삼십분간
イル イルジョン	イ イルフ	ハンシガン	サムシップンガン

- -

時刻

時	分	時半	分前[後]
시	분	시반	분전[분후]
シ	プン	シバン	プンジョン[プヌ]

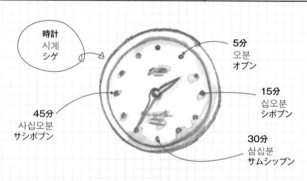

時計
시계
シゲ

5分
오분
オブン

15分
십오분
シボブン

45分
사십오분
サシボブン

30分
삼십분
サムシップン

今何時ですか？	지금 몇시입니까? **チグムミョッシイムニッカ** 🔊 What time is it now?
何時から始まりますか？	언제부터 시작됩니까? **オンヂェブトシジャッデムニカ** 🔊 What time does it start?

基本会話

グルメ

ショッピング

ビューティ

見どころ

エンタメ

ホテル

乗りもの

基本情報

単語集

8時20分	여덜시　이십분 ヨドルシ　イシッブン eight twenty		昨日の11時	어제　열한시 オジェ　ヨランシ at eleven yesterday
9時半	아홉시반 アホプシバン nine thirty		10時5分前	열시　오분전 ヨルシ　オブンジョン five to ten
午前11時	오전　열한시 オジョン　ヨランシ 11 a.m.		15分後	십오분후 シボブンフ fifteen minutes later

計量の単位のちがい

●長さ

メートル	インチ	フィート	ヤード	マイル	尺
1	39.37	3.28	1.09	0	3.3
0.03	1	0.08	0.03	0	0.08
0.31	12	1	0.33	0	1.01
0.91	36	3	1	0	3.02
1609.3	63360	5280	1760	1	5310.8
0.3	11.93	0.99	0.33	0	1

●重さ

グラム	キログラム	オンス	ポンド	斤
1	0	0.04	0	0
1000	1	35.27	2.21	1.67
28.35	0.03	1	0.06	0.05
453.59	0.45	16	1	0.76
500	0.5	17.64	1.1	1

●体積

cc	リットル	クオート	米ガロン	升
1	0	0	0	0
1000	1	1.06	0.26	1
946.36	0.95	1	0.25	0.95
3785.4	3.79	4	1	3.79

●速さ

キロ	マイル	ノット	キロ	マイル	ノット
10	6.2	5.4	60	37.3	32.4
20	12.4	10.8	70	43.5	37.8
30	18.6	16.2	80	49.7	43.2
40	24.9	21.6	90	55.9	48.6
50	31.1	27.0	100	62.1	54.0

さくっと 韓国語講座

韓国語は日本語と語順がほとんど同じで、助詞が名詞の役割を決めるなどの文法上の特徴も似ているため、日本人にとっては取り組みやすい言語です。韓国語が分かると旅も楽しくなるのでぜひ旅行前に勉強してみましょう。

Lesson 1 ハングル表

「ハングル」という言葉を韓国語と同義で使うこともありますが、正確には「ハングル」とは韓国で使われている文字のことです。日本語と仮名のような関係にあります。

母音と子音の組み合わせで、全部で24の記号を覚えるだけである程度の文字が読めるようになります。シンプルな作りなので組み合わせをマスターしましょう。

母音 子音	ㅏ ア	ㅑ ヤ	ㅓ オ	ㅕ ヨ	ㅗ オ	ㅛ ヨ	ㅜ ウ	ㅠ ユ	ㅡ ウ	ㅣ イ
ㄱ ク	가 カ	갸 キャ	거 コ	겨 キョ	고 コ	교 キョ	구 ク	규 キュ	그 ク	기 キ
ㄴ ヌ	나 ナ	냐 ニャ	너 ノ	녀 ニョ	노 ノ	뇨 ニョ	누 ヌ	뉴 ニュ	느 ヌ	니 ニ
ㄷ トゥ	다 タ	댜 ティヤ	더 ト	뎌 ティヨ	도 ト	됴 ティヨ	두 トゥ	듀 ティュ	드 トゥ	디 ティ
ㄹ ル	라 ラ	랴 リャ	러 ロ	려 リョ	로 ロ	료 リョ	루 ル	류 リュ	르 ル	리 リ
ㅁ ム	마 マ	먀 ミャ	머 モ	며 ミョ	모 モ	묘 ミョ	무 ム	뮤 ミュ	므 ム	미 ミ
ㅂ プ	바 バ	뱌 ビャ	버 ボ	벼 ビョ	보 ボ	뵤 ビョ	부 ブ	뷰 ビュ	브 ブ	비 ビ
ㅅ ス	사 サ	샤 シャ	서 ソ	셔 ショ	소 ソ	쇼 ショ	수 ス	슈 シュ	스 ス	시 シ
ㅇ ウ	아 ア	야 ヤ	어 オ	여 ヨ	오 オ	요 ヨ	우 ウ	유 ユ	으 ウ	이 イ
ㅈ チュ	자 チャ	쟈 チャ	저 チョ	져 チョ	조 チョ	죠 チョ	주 チュ	쥬 チュ	즈 チュ	지 チ
ㅊ チュ	차 ちゃ	챠 ちゃ	처 ちょ	쳐 ちょ	초 ちょ	쵸 ちょ	추 ちゅ	츄 ちゅ	츠 ちゅ	치 ち
ㅋ ク	카 か	캬 きゃ	커 こ	켜 きょ	코 こ	쿄 きょ	쿠 く	큐 きゅ	크 く	키 き
ㅌ トゥ	타 た	탸 ていや	터 と	텨 ていよ	토 と	툐 ていよ	투 とう	튜 ていゆ	트 とう	티 てい
ㅍ プ	파 ぱ	퍄 ぴゃ	퍼 ぽ	펴 ぴょ	포 ぽ	표 ぴょ	푸 ぶ	퓨 ぴゅ	프 ぶ	피 ぴ
ㅎ フ	하 ハ	햐 ヒャ	허 ホ	혀 ヒョ	호 ホ	효 ヒョ	후 フ	휴 ヒュ	흐 フ	히 ヒ

レッツスタディ！

ハングルの組み合わせは4つ。その仕組みをマスター

組み合わせ方は下のA～Dの4パターンのみ。これさえ覚えればハングルが読めます。

ス← 서 →オ

ウル← 울

（ソウル）

ハングル表を見ると 서 はスとオの音で、울 はウとルの音を表しているのでソウルとなる。

ク← 김 →イ
ム←

チュ← 치 →イ

（キムチ）

김 は子音のク、母音のイ、子音のムを表す。치 は子音のチュと母音のイで成り立ち、発音はチとなる。

複合母音
ㅐ エ
ㅒ イェ
ㅔ エ
ㅖ イェ
ㅘ ワ
ㅙ ウェ
ㅚ ウェ
ㅝ ウォ
ㅞ ウェ
ㅟ ウィ
ㅢ ウイ

濃音
ㄲ ック
ㄸ トゥ
ㅃ ブ
ㅆ ス
ㅉ チュ

※カタカナは平音、ひらがなは激音を示しています

A
子音	母音

B
子音
母音

C
子音 母音
子音

D
子音
母音
子音

何度も声に出して覚えましょう！

日本人にとって覚えやすい韓国語ですが、人称の呼び方や敬語の使い方など、発想や文化の違いに対する認識がないと、韓国語の上達は難しいでしょう。文法だけでなく、言葉の礼儀なども意識しておくことが大切です。

1. ハングルの文字の形は「子音＋母音」「子音＋母音＋子音」

ハングルは母音と子音の組み合わせで文字が構成されています。

● **子音＋母音**

> 母音は右側か下側に置きます

ㄱ ＋ ㅏ ＝ 가
子音[k]　母音[a]　[ka]

ㄹ ＋ ㅜ ＝ 루
子音[r]　母音[u]　[ru]

● **子音＋母音＋子音**

> 最後の子音は必ず「子音＋母音」の下側に置きます

ㄱ ＋ ㅣ ＋ ㅁ ＝ 김
子音[k]　母音[i]　子音[m]　[kim]

ㅂ ＋ ㅗ ＋ ㄴ ＝ 본
子音[b]　母音[o]　子音[n]　[bon]

2. 会話のスタートは「疑問詞」です

誰かに何かを尋ねたいときに便利な疑問詞を覚えましょう。

何	뭐 モ	こうやって使います ⟩	これは何ですか？ 例 이건 뭐예요? イゴン　モエヨ
だれ	누구 ヌグ	⟩	あの人はだれですか？ 例 저 사람은 누구예요? チョ　サラムン　ヌグエヨ
なぜ	왜 ウェ	⟩	なぜですか？ 例 왜요? ウェヨ
どこ	어디 オディ	⟩	トイレはどこですか？ 例 화장실은 어디예요? ファジャン　シルン　オディエヨ
どのように	어떻게 オットケ	⟩	どうやって食べますか？ 例 어떻게 먹어요? オットケ　モゴヨ
いつ	언제 オンジェ	⟩	いつ着きますか？ 例 언제 도착해요? オンジェ　トチャケヨ

基本会話

グルメ

ショッピング

ビューティ

見どころ

エンタメ

ホテル

乗りもの

基本情報

単語集

3. 3つの基本の文を覚えましょう

肯定文、疑問文、否定文の基本の文をマスターすれば、基本的な会話をすることができます。

1. ~です

語順は「名詞・動詞など」＋「~です。(イムニダ・ヨ)」

丁寧でやや堅い表現　입니다 [イムニダ] と、
丁寧ながら、やわらかめの表現　요 [ヨ] があります。

例 일본사람입니다. (日本人です。)　**やや堅い表現**
　　イルボンサライムニダ

　 가요. (行きます。)　**やわらかめの表現**
　　カヨ

2. ~ですか

다 (ダ) を까 (カ) に変えます

肯定文と同様に、やや堅い表現　입니까 [イムニカ] とやわらかめの表現
요 [ヨ] があります。文末が 요 [ヨ] の場合は、文末に?をつけて
尻上がりで読むだけです。

例 일본사람입니까? (日本人ですか？)　**やや堅い表現**
　　イルボンサライムニカ

　 한국입니까? (韓国ですか？)　**やわらかめの表現**
　　ハングギムニッカ

**3. ~では
ありません**

否定文は 이 (가) 아닙니다 [イ (ガ) アニムニダ] を文末に置きます。
動詞や形容詞の否定はその前に 안 [アン] を置きます。

例 일본사람이 아닙니다. (日本人ではありません。)
　　イルボンサライアニムニダ

　 안가요. (行きません。)
　　アンカヨ

4. アレンジして話してみましょう

伝えたい内容のニュアンスを表現したり、意味を付け加えたりして、会話にアクセントをつけてみましょう。

> **~도 되나요?**
> 　ド　トゥウェナヨ

~してもいいですか？

例 여기에 앉아도 되나요? (ここに座ってもいいですか？)
　　ヨギエアンジャドトゥウェナヨ

> **~주세요.**
> 　チュセヨ

~をください。

例 이거 주세요. (これをください。)
　　イゴ　チョセヨ

ワンポイント 呼称のマナーを覚えよう

儒教の影響もあり、韓国では日本よりも
敬語表現が厳格なので注意が必要です。

● 一人称 …
「나 [ナ]」と「저 [チョ]」の2通
りありますが、へりくだったニュ
アンスの「저」を使う方が無難です。

● 二人称 …
「너 [ノォ]」と「당신 [タンシ
ン]」の2通りありますが、日
本語のニュアンスでは「おまえ」
と「あなた」くらいの差がありま
す。普通は「당신」を使い、場合

によってはよりフォーマルな「댁
[テク]」を使います。

● 「~さん」 … 韓国では二人称よ
りもフルネームに「씨 [シ]」をつ
けることが多いです。日本語では
「~さん」にあたります。名字だけ
に「씨」をつけるのは失礼なので
注意しましょう。

※日本語の敬語は「相対敬語」と
呼ばれ、相手によって尊敬語と謙
譲語を使い分けます。一方、韓国
語は「絶対敬語」と呼ばれ、目上
の人であれば、たとえ身内の人間
であっても尊敬語を使います。例
えば、会社で自分の上司が不在の
ときに来客があった場合、日本で
は「○○部長はおりません。」と言
いますが、韓国では「○○部長様
はいらっしゃいません。」というよ
うに言います。

単語集（和韓）

あ					
アーケード	아케이드 아케이드ウ	あいにく	공교롭게도 コンギョロプケド	空き部屋	빈방 ピンバン
愛	사랑 サラン	相部屋	같은 방에 묵음 カットゥン バンエ ムグム	握手	악수 アッスゥ
合鍵	예비 열쇠 イェビヨルセ	合間	틈／짬 トゥム／チャム	握手する	악수하다 アクスハダ
あいさつ	인사 インサ	あいまいな	애매함 エメハム	アクセサリー	악세사리 アッセサリ
ICカード	아이시 카드 アイシ カドゥ	アイロン	다리미 タリミ	アクセル	액셀 エッセル
合図	신호 シノ	アイロンを かける	다림질하다 タリムジラダ	あくび	하품 ハプム
アイス クリーム	아이스 크림 アイス クリム	会う	만나다 マンナダ	揚げた	튀긴 ティギン
アイス スケート	아이스 스케이트 アイス スケイトゥ	合う	맞다 マッタ	開ける	열다 ヨルダ
アイス ホッケー	아이스하키 アイスハキ	アウト レット	아울렛 アウルレッ	あご	턱 トッ
（〜を） 愛する	사랑하다 サランハダ	青い	파랗다 パラッタ	（〜に） あこがれる	동경하다 トンギョンハダ
あいづち	맞장구 マッジャング	青信号	청신호 チョンシノ	朝	아침 アッチム
相手	상대 サンデ	赤い	빨갛다 パルガッタ	麻	삼베 サムベ
アイディア	아이디어 アイディオ	明かり	빛 ピッ	明後日	모레 モレ
空いている	비어 있다 ビオイッタ	明るい	밝다 パッタ	足	발 パル
相手役	상대역 サンデヨッ	赤ん坊	아기 アギ	味	맛 マッ
アイドル	아이들 アイドゥル	空き	비어있음 ビオイッスム	アジア	아시아 アシア
		秋	가을 カウル	味をつけた	간을 한 カヌル ハン

足首	발목 パルモッ		熱い	뜨거운 トゥゴウン		あめ	사탕 サッタン
アシスタント	어시스턴트 オシストントゥ		扱う	취급하다 チュイグッパダ		雨	비 ビ
明日	내일 ネイル		宛先	수신처 スシンチョ		アメリカ	미국 ミグッ
明日の午後	내일오후 ネイルオフ		穴	구멍 クモン		怪しい	수상하다 スサンハダ
明日の晩	내일밤 ネイルバム		アナウンサー	아나운서 アナウンソ		洗う	씻다 シッタ
明日の夕方	내일저녁 ネイルチョニョッ		アナウンス	아나운스 アナウンス		嵐	폭풍 ポップン
足元灯	발밑등 パルミットゥン		アニメ	애니메 エニメ		争う	다투다 ダトゥダ
預かる	맡다 マッタ		アパート	아파트 アパトゥ		歩く	걷다 コッタ
預け入れ手 荷物引換証	수하물교환증 スハムルキョファンチュン		アヒル	오리 オリ		アルコール	알코올／술 アルコオル／スル
預け入れ 荷物	맡긴 수하물 マッキン スハムル		アフター サービス	애프터서비스 エプトソビス		アルコール類	주류 チュリュ
アスピリン	아스피린 アスピリン		油	기름 キルム		アルバイト	아르바이트 アルバイトゥ
汗	땀 タム		油絵	유화 ユファ		アルバム	앨범 エルボム
遊ぶ	놀다 ノルダ		アフリカ	아프리카 アプリカ		アレルギー	알레르기 アルレルギ
暖かい	따뜻하다 タトゥタダ		アプリケー ション	애플리케이션 エプルリケイション		アレルギーの	알레르기의 アルレルギエ
アダプター	어댑터 オデプト		あぶり焼き にした	불에 구운 プレ クウン		暗証番号	비밀번호 ビミルボノ
頭	머리 モリ		甘い	달다 タルダ		安全	안전 アンジョン
頭金	계약금 ケヤックム		あまり (それほど)	그다지 クダジ		安全な	안전한 アンジョナン
新しい	새롭다 セロプタ		あまり高く ない(値段)	그다지 비싸지 않다 クダジ ビサジ アンタ		安全ピン	안전핀 アンジョンピン
あちら [向こう]側	반대편 バンデビョン		網	그물 クムル		安全ベルト	안전벨트 アンジョン ベルトゥ
暑い	덥다 トプタ		編物	편물 ピョンムル		案内	안내 アンネ

案内所	안내소 アンネソ	遺失物 取扱所	분실물 쎈터 プンシルムル セント	1枚	한장 ハンジャン
案内人	안내인 アンネイン	医者	의사 ウイサ	1万ウォン 紙幣	만원짜리 지폐 マノンチャリ チペ
い		衣装	의상 ウィサン	胃腸薬	위장약 ウィジャンニャク
胃	위 ウィ	異常な	의상한 イサンハン	いつ	언제 オンジェ
言い訳	구실 クシル	いす	의자 ウィジャ	胃痛	위통 ウィトン
家	집 チブ	遺跡	유적 ユジョク	1階	1층 イルチュン
医学	의학 イハッ	忙しい	바쁘다 パブダ	1階席 (劇場の)	일층석 イルチュンソッ
息	숨 スム	急ぐ	서두르다 ソドゥルダ	1個	한게 ハンゲ
~行き	행 ヘン	板	판 パン	一式	한세트／한벌 ハンセトゥ／ハンボル
行き先	행선지 ヘンソンジ	委託する	위탁하다 ウィタッカダ	一緒に	같이 カチ
行き止まり	막 다름 マッ タルム	痛み	통증 トンチュン	いつでも	언제든지 オンジェドゥンジ
生き物	생물 センムル	痛む	아프다 アップダ	炒った	볶은 ボクン
イギリス	영국 ヨングッ	イタリア	이탈리아 イタルリア	一対	한쌍 ハンサン
息を吸う	숨을 들이쉬다 スムル トゥリシダ	位置	위치 ウィチ	1等	일등 イルトゥン
池	연못 ヨンモッ	一時 預かり所	임시 보관소 イムシ ボグァンソ	1杯	한잔 ハンジャン
胃けいれん	위경련 ウィギョンニョン	一時停止	일시정지 イルシジョンジ	一般的な	일반적인 イルバンジョギン
意見	의견 ウィギョン	1日	하루 ハル	一品料理	일품요리 イルプムヨリ
囲碁	바둑 パドゥッ	1日券	일일권 イリルクォン	一方通行	일방통행 イルバントンヘン
居酒屋	선술집 ソンスルジッ	1日の	하루의 ハルエ	いつも	언제나／항상 オンジェナ／ハンサン
意識が無い	의식이 없다 ウィシギ オブタ	市場	시장 シジャン	糸	실 シル

いとこ	사촌 サチョン		インター ネット	인터넷 イントネッ		受取人	수취인／받는 사람 スチュイン／パンヌンサラム
田舎	시골 シゴル		インターン	인턴 イントン		受け取る	받다 パッタ
犬	개 ケ		インドネシア	인도네시아 インドネシア		ウサギ	토끼 トキ
命	목숨 モッスム		インフル エンザ	인플루엔자 インプルルエンザ		失う	잃다 イルタ
今	지금 チグム		**う**			後ろ	뒤 ティ
イヤホン	이어폰 イオポン		ウイスキー	위스키 ウィスキ		薄い	얇다 ヤルタ
イヤリング	귀걸이 クウィゴリ		ウインカー	깜박이 カムバギ		薄い色	연하다 ヨナダ
いらいらする	안타깝다 アンタカッタ		ウール	모 モ		薄切りに した	얇게 썰은 ヤルケ ソルン
入口	입구 イプク		ウーロン茶	우롱차 ウロンチャ		右折のみ	우회전 만됨 ウフェジョン マンデム
いり卵(スクラ ンブルエッグ)	스크램블 에그 スクレムブル エグ		上	위 ウィ		うそ	거짓말 コジンマル
衣料品	의료품 ウィリョプム		ウエイター	웨이터 ウェイト		歌	노래 ノレハダ
色	색 セッ		ウエイトレス	웨이트레스 ウェイトレス		歌う	노래하다 ノレハデ
岩	바위 암 バウィ アム		ウエスト	허리 ホリ		宇宙	우주 ウジュ
インク	잉크 インク		上の	위의 ウィエ		宇宙 ステーション	우주 스테이션 ウジュ ステイション
印刷物	인쇄물 インセムル		上の階	위층 ウィチュン		宇宙飛行士	우주 비행사 ウジュ ビヘンサ
飲酒	음주 ウムジュ		ウォーキング	워킹 ウォキン		美しい	아름답다 アルムダッタ
印象	인상 インサン		ウォッカ	보드카 ポドゥカ		腕時計	손목 시계 ソンモッシゲ
飲食代	음식값 ウムシッカプ		浮き袋	구명부대 グミョンブデ		うとうと する	졸다 チョルダ
インスタン ト	인스턴트 インストントゥ		受け入れる	받아들이다 パダドゥリダ		馬	말 マル
インスタン ト食品	인스턴트 식품 インストントゥ シップム		受付	접수 チョプス		うまい (美味)	맛있다 マシッタ

海	바다 パダ	英語	영어 ヨンオ	（メールな どで使う） 絵文字	그림 문자 クリム ムンチャ
海側の	바다쪽의 パダチョゲ	衛星	위성 ウィソン	選ぶ	고르다 コルダ
売り切れ	매진 メジン	映像	영상 ヨンサン	えり	깃 キッ
うるさい	시끄럽다 シックロプタ	ATM	에티엠 エティエム	エレベーター	엘리베이터 エルリベイット
うれしい	기쁘다 キブダ	衛兵	위병 ウィビョン	エンジニア	엔지니어 エンジニオ
上着	겉옷 コドッ	栄養	영양 ヨンヤン	炎症	염증 ヨムチュン
運河	운하 ウナ	描く	그리다 グリダ	エンジン	엔진 エンジン
運賃	운임 ウニム	駅	역 ヨッ	演奏会	연주회 ヨンジュフェ
運転手	운전사 ウンジョンサ	駅員	역무원 ヨンムウォン	延長	연장 ヨンジャン
運転免許証	운전면허증 ウンジョンミョノチュン	エキストラ ベッド	간이침대 カニチムデ	エンドース メント （乗機変更承認）	탑승변경승인 タブスンビョンギョン スンイン
運動	운동 ウンドン	駅で	역에서 ヨゲソ	煙突	굴뚝 クルトゥッ
運動靴	운동화 ウンドンファ	エコノミー クラス	이코노미 클래스 イコノミ クルレス	鉛筆	연필 ヨンピル
え		エコノミー クラスの席	이코너미 클래스의 좌석 イコノミ クルレスエ チャソッ	**お**	
絵	그림 クリム	エコバッグ	에코 백 エコ ベッ	甥	조카 チョカ
エアコン	에어컨 エオッコン	エスカ レーター	에스컬레이터 エスコルレイト	おいしい	맛있다 マシッタ
エアコン 付き	에어컨이 달림 エオコニ ダルリム	エステ	에스세틱 エスセティッ	置いていく	두고가다 トゥゴガダ
映画	영화 ヨンファ	絵はがき	그림엽서 クリムヨプソ	置いてくる	놔두고 오다 ナドゥゴ オダ
映画館	영화관 ヨンファグァン	エビ	새우 セウ	オイル	오일 オイル
営業時間	영업시간 ヨンオプシガン	絵本	그림책 クリムチェッ	お祝い	축하 チュカ
営業中	영업중 ヨンオプチュン				

基本会話

グルメ

ショッピング

ビューティ

見どころ

エンタメ

ホテル

乗りもの

基本情報

単語集

応援する	응원하다 ウンウォナダ	置き時計	탁상 시계 タッサン シゲ	落とす	떨어뜨리다 トロトゥリダ
応急処置	응급처치 ウングプチョチ	起きる	일어나다 イロナダ	おととい	그저께 クジョケ
横断歩道	횡단보도 フェンダンボド	奥	안 アン	大人	어른 オルン
嘔吐	구토 クト	屋上	지붕위 チブンウィ	踊り／踊る	춤／춤추다 チュム／チュムチュダ
嘔吐袋	구토용봉투 グトヨンボントゥ	送り迎え	송영 ソンヨン	驚く	놀라다 ノルラダ
往復	왕복 ワンボッ	贈り物	선물 ソンムル	同じ	같다 カッタ
往復切符	왕복표 ワンボッピョ	送る	보내다 ボネダ	おばあさん	할머니 ハルモニ
大型車	대형차 デヒョンチャ	遅れる	늦다 ヌッタ	おばさん	아주머니 アジュモニ
大きい	크다 クダ	怒る	성내다 ソンネダ	オペラ	오페라 オペラ
大きさ	크기 クギ	おじいさん	할아버지 ハラボジ	覚えている	기억하고 있다 キオッカゴ イッタ
大きな	크다 クダ	おじさん	아저씨 アジョシ	覚える	기억하다 キオッカダ
オーケストラ	오케스트라 オケストゥラ	押す	누르다 ヌルダ	おみやげ	기념품 キニョムプム
オースト ラリア	호주 ホジュ	オセアニア	오세아니아 オセアニア	おみやげ店	기념품 가게 キニョムプム ガゲ
オーストリア	오스트리아 オストゥリア	お宅	댁 デッ	重い	무겁다 ムゴプタ
大道具	무대장치 ムデジャンチ	落ち込む	빠지다 パジダ	思い出	추억 チュオッ
大通り	큰길 クンギル	夫	남편 ナムピョン	重さ	무게 ムゲ
オートマテ ィック車	오토메틱 オトメティッ	おつり	잔돈 チャントン	おもちゃ	장남감 チャンナムカム
オート ロック	자동 자물쇠 チャドン チャムルスウェ	音	소리 ソリ	おもちゃ店	장남감 가게 チャンナムカム ガゲ
丘	언덕 オンドッ	男	남자 ナムジャ	親	부모 プモ
お粥	죽 チュク	男の子	남자아이 ナムジャアイ	親指	엄지손가락 オムジソンカラッ

161

泳ぐ	헤엄치다 ヘオムチダ			会社員	회사원 フェサウォン
折り返し	받은 즉시 パドゥン チュッシ		**か**	海水浴	해수욕 ヘスヨッ
折り返し 電話する	받은 즉시 전화하다 パドゥン チュッシ チョナハダ	蚊	모기 モギ	回数券	회수권 フェスクォン
折り紙	종이 접기 チョンイ チョッキ	ガーゼ	거즈 コジュ	快晴	쾌청 クェチョン
オリジナル ギフト	오리지날 기프트 オリジナル キプトゥ	カーテン	커튼 コオトゥン	階段	계단 ケダン
降りる	내리다 ネリダ	カート	카트 カトゥ	懐中電灯	회중 전등 フェジュン チョンドゥン
オリン ピック	올림픽 オルリムピッ	カーペット	융단 ユンダン	快適な	쾌적한 クェジョカン
オルガン	오르간 オルガン	貝	조개 チョゲ	開店時間	개점 시간 ケジョム シガン
オルゴール	오르골 オルゴル	会員証	회원증 フェウォンチュン	ガイド付き ツアー	가이드가 있는 투어 ガイドゥガ インヌン トゥオ
オレンジ	오렌지 オレンジ	絵画	그림 クリム	ガイドブック	가이드 북 ガイドゥ ブッ
終わる	끝나다 クンナダ	外貨	외화 ウェファ	ガイド料	가이드 요금 ガイドゥ ヨグム
音楽	음악 ウマッ	海外旅行	해외 여행 ヘウェ ヨヘン	買い物	쇼핑 ショッピン
音楽祭	음악제 ウマッジェ	外貨交換 証明書	외화교환증명서 ウェファキョファンジュ ンミョンソ	街路	가로 ガロ
温泉	온천 オンチョン	海岸	해안 ヘアン	会話	회화 フェファ
温度	온도 オンド	開館時間	개관시간 ケグァンシガン	買う	사다 サダ
温度計	온도계 オンドゲ	会議	회의 フェイ	カウンター	카운터 カウント
オンドル 部屋	온돌방 オンドルバン	海峡	해협 ヘヒョプ	カエル	개구리 ケグリ
女／女の	여자／여자의 ヨジャ／ヨジャエ	会計 カウンター	계산대／카운터 ケサンデ／カウント	帰る	돌아가다 トラガダ
女の子	여자 아이 ヨジャアイ	外国人	외국인／외국사람 ウェグギン／ウェグッサ ラム	変える	바꾸다 バックダ
		改札口	개찰구 ケチャルグ		

顔	얼굴 オルグル	確認	확인 ファギン	風が吹く	바람이 불다 パラミ ブルダ
顔の 手入れ	얼굴손질 オルグルソンジル	確認する	확인하다 ファギナダ	風邪薬	감기약 カムギヤッ
香り	향기 ヒャンギ	過激な	과격 クァギョッ	河川	하천 ハチョン
画家	화가 ファガ	掛け金	판돈 パントン	画像	화상 ファサン
価格	가격 カギョッ	賭ける	걸다 コルダ	家族	가족 カジョッ
化学	화학 ファハッ	かご	바구니 バグニ	ガソリン	휘발유 フィバルリュ
科学	과학 クァハッ	傘	우산 ウサン	ガソリン スタンド	주유소 チュユソ
鏡	거울 コウル	火山	화산 ファサン	ガソリン ポンプ	가솔린 펌프 カソルリン ポンプ
係員	담당자 タムダンジャ	火事	화재／불 ファジェ／ブル	固い	단단하다 タンダナダ
かかる	알다 アルダ	家事	집안 일 チバン イル	形	형 ヒョン
鍵	열쇠 ヨルセ	カジノ	카지노 カジノ	片道	편도 ピョンド
書留	등기 トゥンギ	カシミア	캐시미어 ケシミオ	片道切符	편도표 ピョンドピョ
書きとめる	써 두다 ソ ドゥダ	歌手	가수 カス	カタログ	카탈로그 カタルグ
書く	적다／쓰다 チョッタ／スダ	カジュアル な	캐주얼하다 ケジュオラダ	花壇	화단 ファダン
家具	가구 カグ	数	수 ス	楽器	악기 アッキ
学生	학생 ハッセン	ガス	가스 カス	楽器店	악기점 アッキジョム
学生証	학생증 ハッセンジュン	ガス欠	기름이 떨어짐 キルミ トロジム	学校	학교 ハッキョ
拡大する	확대하다 ファッテハダ	風	바람 パラム	カップ ラーメン	컵 라면 コッ ラミョン
カクテル	컵테일 カッテイル	風邪	감기 カムギ	家庭	가정 カジョン
家具店	가구점 カグジョム	課税	과세 クァセ	家庭教師	가정 교사 カジョンキョサ

基本会話

グルメ

ショッピング

ビューティ

見どころ

エンタメ

ホテル

乗りもの

基本情報

単語集

角	길 모퉁이 キル モトゥンイ	かみそり	면도칼 ミョンドッカル	過労	과로 クァロ
悲しい	슬프다 スルプダ	紙タオル	종이타월 チョンイタウォル	画廊	화랑／갤러리 ファラン／ゲルロリ
金物店	철물점 チョルムルジョム	雷	천둥 チョンドゥン	革	가죽 カジュッ
金(かね)	돈 トン	紙袋	종이봉지 チョンイボンジ	川	강 カン
可能性	가능성 カヌンソン	亀	거북이 コブギ	かわいい	귀엽다 クウィヨプタ
カバー チャージ	커버차지 コボチャジ	仮面	가면 カミョン	乾く	마르다 マルダ
かばん	가방 カバン	ガム	껌 コム	為替レート	환율 ファニュル
花瓶	꽃병 コッピョン	カメラ	카메라 カメラ	革の ジャケット	가죽자켓 カジュッジャケッ
カフェ	카페 カペ	カメラ店	카메라가게 カメラカゲ	眼科医	안과의사 アンクァウィサ
カフェ テリア	카페 테리아 カペ テリア	かゆい	가렵다 カリョプタ	環境	환경 ファンギョン
カフェラテ	카페라떼 カペラテ	カラー フィルム	칼라필름 カルラピルルム	環境破壊	환경 파괴 ファンギョン パギェ
花粉症	꽃가루 알레르기 コッカル アルレルギ	辛い	맵다 メプタ	缶切り	캔따개 ケンタゲ
壁	벽 ピョッ	カラオケ	노래방 ノレバン	玩具店	완구점 ワングジョム
壁紙	벽지 ピョッジ	ガラス	유리 ユリ	管弦楽団	관현악단 クァニョアッタン
カボチャ	호박 ホバッ	体	몸 モム	観光	관광 クァングワン
紙	종이 チョンイ	空手	가라데 カラテ	観光 案内所	관광안내소 クァングワンアンネソ
神	신 シン	空の	빈 ビン	観光クルーズ	관광크루즈 クァングワンクルジュ
髪	머리카락 モリカラッ	借りる	빌리다 ビルリダ	観光地	관광지 クァングワンジ
紙おむつ	종이 기저귀 チョンイ キジョギ	軽い	가볍다 カビョプタ	観光ツアー	관광투어 クァングワントゥオ
紙コップ	종이 컵 チョンイ コプ	カレンダー	캘린더 ケルリンド	観光バス	관광버스 クァングワンボス

164

観光パンフレット	관광팜플렛 クァングァンパムプルレッ	看板	간판 カンパン	議事堂	의사당 ウィサダン
韓国	한국 ハングッ	漢方薬	한약 ハニャッ	技術	기술 キスル
韓国服	한복 ハンボッ	管理	관리 クァルリ	傷	상처 サンチョ
韓国料理	한국요리 ハングンニョリ	管理人	관리인 クァルリイン	季節	계절 ケジョル
看護師	간호사 カノサ		**き**	規則	규칙 キュチッ
患者	환자 ファンジャ	キーボード	키보드 キボドゥ	北	북/북쪽 プッ/プッチョッ
感謝する	감사하다 カムサハダ	キーホルダー	키 홀더 キ ホルド	ギター	기타 キタ
勘定	계산 ケサン	黄色	노랑 ノラン	汚い	더럽다 トロプタ
勘定書	계산서 ケサンソ	気温	기온 キオン	機長	기장 キジャン
歓声	환성 ファンソン	機械	기계 キゲ	貴重品	귀중품 クウィジュンプム
関税	관세 クァンセ	着替える	갈아입다 カライプタ	きつい	꽉끼다 クァッキダ
乾燥肌	건성피부 コンソン ビブ	期間	기간 キガン	喫煙	흡연 フビョン
簡単な	간단한 カンタナン	気管支炎	기관지염 キガンジヨム	喫煙所	흡연소 フビョンソ
缶詰	통조림 トンジョリム	貴金属	귀금속 クィグムソク	喫煙席	흡연석 フビョンソッ
缶詰食品	통조림 제품 トンジョリム チェブム	聞く	듣다 トゥッタ	喫茶店	다방 タバン
乾電池	건전지 コンチョンジ	喜劇	희극 ヒグッ	キッチン	부엌 ブオッ
監督	감독 カムドッ	危険	위험 ウィホム	切手	우표 ウピョ
館内図	관내지도 クァンネチド	気候	기후 キフ	切手代	우표값 ウピョカプ
館内電話	관내전화 クァンネジョナ	記事	기사 キサ	切符	표 ピョ
乾杯	건배 コンベ	技師	기술자 キスルチャ	切符売場	매표소 メピョソ

切符 自動販売機	표 자동 판매기 ピョ チャドン パンメギ	休暇	휴가 ヒュガ	共同シャワー	공동샤워 コンドンシャウォ
機内食	기내식 キネシッ	救急車	구급차 クグプチャ	共同トイレ	공동화장실 コンドンファジャンシル
機内 持ち込み 手荷物	기내 운반 수하물 キネ ウンバン スハムル	休憩室	휴게실 ヒュゲシル	共同浴場	목욕탕 モギョッタン
気に入る	마음에 들다 マウメ トゥルダ	急行料金	급행 요금 クペン ヨグム	郷土料理	향토요리 ヒャントヨリ
絹／シルク	비단／실크 ビダン／シルク	休日	휴일 ヒュイル	今日の午後	오늘오후 オヌルオフ
記念切手	기념 우표 キニョム ウピョ	旧跡	고적 コジョッ	今日の午前	오늘오전 オヌルオジョン
記念碑	기념비 キニョムビ	宮殿	궁전 クンジョン	興味深い	흥미롭다 フンミロプタ
記念日	기념일 キニョムイル	弓道	궁도 クンド	許可	허가 ホガ
昨日	어제 オジェ	牛肉	쇠고기 セゴギ	居住者	거주자 コジュジャ
寄付	기부 キブ	牛乳	우유 ウユ	去年	작년 チャンニョン
決める	정하다 チョンハダ	救命胴衣	구명동의 クミョンドンイ	距離	거리 コリ
記念品	기념품 キニョムブム	給料	급료 クムニョ	嫌い	싫다 シルタ
気持ちが 悪い	기분이 나쁘다 キブニ ナップダ	今日	오늘 オヌル	霧	안개 アンゲ
客	손님 ソンニム	教育	교육 キョユッ	キリキリ 痛む	쑤시듯이 아프다 スシドゥシ アプダ
客船	객선 ケッソン	教会	교회 キョフェ	着る	입다 イプタ
キャバレー	캬바레 キャバレ	教科書	교과서 キョグァソ	きれい	예쁘다 イェップダ
キャリー バッグ	운반 가방 ウンバン カバン	競技場	경기장 キョンギジャン	きれいな	예쁜 イェブン
キャンセル	취소 チュイソ	教師	교사 キョサ	記録	기록 キロッ
キャンセル する	취소하다 チュイソハダ	教室	교실 キョシル	金(の)	금(의) クム(エ)
キャンセル 待ち	웨이팅 ウェイティン	兄弟	형제 ヒョンジェ	銀(の)	은(의) ウン(エ)

基本会話
グルメ
ショッピング
ビューティ
見どころ
エンタメ
ホテル
乗りもの
基本情報
単語集

禁煙	금연 クミョン	空腹である	배가 고프다 ペガ コプダ	靴	구두 クドゥ
禁煙車	금연차 クミョンチャ	空腹な	공복의 コンボゲ	靴下	양말 ヤンマル
禁煙席	금연석 クミョンソッ	クーポン	쿠폰 クポン	靴店	구두 가게 クドゥ カゲ
金額	금액 クメッ	区間	구간 クガン	靴ひも	구두끈 クドゥクン
緊急	긴급 キングプ	釘	못 モッ	国	나라 ナラ
緊急の	긴급의 キンクペ	臭い	고약한 냄새가 나다 コヤッカン ネムセガ ナダ	首	목 モッ
金庫	금고 クムゴ	鎖	쇠사슬 スェサスル	区分	구분 クブン
銀行	은행 ウネン	腐る	썩다 ソッタ	雲	구름 クルム
銀行員	은행원 ウネンウォン	くし	빗 ピッ	曇り	흐림 フリム
筋肉	근육 クニュッ	孔雀	공작새 コンジャッセ	悔しい	분하다 プナダ
勤務外	근무외 クンムウェ	くしゃみ	재채기 チェチェギ	暗い	어둡다 オドゥプタ
	‹	苦情	불만 プルマン	クラシック音楽	클래식 음악 クルレシッ ウマッ
グアム	괌 クァム	クジラ	고래 コレ	クラス	등급 トゥングプ
空気	공기 コンギ	くずかご	휴지통 ヒュジトン	グラス	글래스 グルレス
空港	공항 コンハン	薬	약 ヤッ	クラブ	클럽 クルロプ
空港税	공항세 コンハンセ	果物	과일 クァイル	クラブミュージック	클럽 음악 クルロッ ウマッ
空室	빈방 ピンバン	口当たり	입맛 イムマッ	グラム	그램 グレム
空車（タクシー）	빈차 ピンチャ	口当たりの良い	입에 당기는／입맛에 맞는 イペ タンギヌン／イムマセ マンヌン	クリーニング	세탁소 セタッソ
空席	공석 コンソッ			クリーニング代	세탁비 セタッピ
偶然に	우연히 ウヨニ	口紅	립스틱 リプスティッ	クリーム	크림 クリム

クリスマス	クリスマス クリスマス	経済学	경제학 キョンジェハッ	外科医	외과의사 ウェクァウィサ
クリック	클리닉 クルリニッ	警察	경찰 キョンチャル	毛皮	모피 モピ
クルーズ	크루즈 クルジュ	警察官	경찰관 キョンチャルグァ	ケガをした	다쳤다 タチョッタ
車	차 チャ	警察署	경찰서 キョンチャルソ	劇場	극장 クッチャン
車椅子	휠체어 フィルチェオ	計算する	계산하다 ケサナダ	下剤	설사약 ソルサヤッ
車椅子用 トイレ	휠체어용 화장실 フィルチェオヨン ファジャンシル	掲示板	게시판 ケシパン	消印	소인 ソイン
クレームタ グ(荷物預 かり証)	하물 보관증 ハムル ボグァンチュン	芸術家	예술가 イェスルガ	景色	경치 キョンチ
クレジット カード	크레디트 카드 クレディトゥ カドゥ	軽食	경식/간단한 식사 キョンシッ/カンタナン シクサ	消しゴム	지우개 チウゲ
クレンジング	클렌징 クルレンジン	軽食堂	경식당 キョンシッタン	化粧水	화장수 フゥジャンス
クロアチア	크로아티아 クロアティア	携帯電話	휴대폰 ヒュデポン	化粧品	화장품 ファジャンプム
黒い	검다/까맣다 コムタ/カマッタ	芸能人	연예인 ヨネイン	化粧品会社	화장품회사 ファジャンプムフェサ
クローク	클로크 クルロク	警備員	경비원 キョンビウォン	ケチャップ	케찹 ケッチャプ
クローゼット	클로젯 クルロジェッ	警報	경보 キョンボ	血圧	혈압 ヒョラブ
クロワッサン	크로와상 クロワサン	契約	계약 ケヤッ	血液	혈액 ヒョレッ
燻製にした	훈제의 フンジェエ	契約書	계약서 ケヤッソ	血液型	혈액형 ヒョレキョン
	け	ケーキ	케이크 ケイク	結婚	결혼 キョロン
		ケーブルカー	케이블카 ケイブルカ	月食	월식 ウォルシッ
計画	계획 ケフェッ	ゲーム	게임 ケイム	解熱剤	해열제 ヘヨルチェ
敬語	경어 キョンオ	毛織物	모직물 モジンムル	煙	연기 ヨンギ
経済	경제 キョンジェ	けが	상처 サンチョ	下痢	설사 ソルサ

168

下痢止め	설사약 ソルサヤッ			交換	교환 キョファン
検疫	검역 コミョッ		**こ**	交換手	교환수 キョファンス
原価	원가 ウォンガ	濃い	짙다 チッタ	講義	강의 カンイ
見学	견학 キョナッ	コイン ロッカー	코인 락카 コイン ラッカ	高級	고급 コグプ
元気を出す	힘 내다 ヒム ネダ	更衣室	탈의실 タリシル	公共の	공공의 コンゴンエ
現金	현금 ヒョングム	強引な	억지로 함 オッジロ ハム	公共料金	공공요금 コンゴンヨグム
言語	언어 オノ	豪雨	큰비 クンビ	航空会社	항공사 ハンゴンサ
健康	건강 コンガン	幸運な	행운의 ヘンウネ	航空券	항공권 ハンゴンクォン
健康な	건강한 コンガンハン	公園	공원 コンウォン	航空便	항공편 ハンゴンピョン
検査	검사 コムサ	公演	공연 コンヨン	合計	합계 ハプケ
検索する	검색하다 コムセカダ	公演中の	공연중의 コンヨンチュンエ	高血圧	고혈압 コヒョラブ
研修	연수 ヨンス	効果	효과 ヒョクァ	高原	고원 コウォン
原住民	원주민 ウォンジュミン	硬貨(コイン)	동전 トンジョン	高校生	고등학생 コドゥンハッセン
現像	현상 ヒョンサン	航海	항해 ハンヘ	広告	광고 クァンコ
現代音楽	현대 음악 ヒョンデ ウマッ	後悔	후회 フフェ	口座	계좌 ケジャ
建築	건축 コンチュッ	公害	공해 コンヘ	考察	고찰 コチャル
建築家	건축가 コンチュッカ	郊外	교외 キョウェ	交差点	교차로 キョチャロ
現地時間	현지시간 ヒョンジシガン	工学	공학 コンハッ	口座番号	계좌번호 ケジャボノ
剣道	검도 コムド	合格	합격 ハッキョッ	講師	강사 カンサ
見物	구경 クギョン	硬貨投入口	동전 투입구 トンジョン トゥイプク	工事	공사 コンサ
		硬貨返却 レバー	동전반환레버 トンジョン バンファンレボ		

工事中	공사중 コンサジュン	紅葉	단풍 タンプン	国籍	국적 ククチョッ
公衆電話	공중전화 コンジュンチョヌァ	合流	합류 ハムニュ	国道	국도 クット
公衆トイレ	공중 화장실 コンジュン ファジャンシル	声	목소리 モッソリ	国内線	국내선 クンネソン
工場	공장 コンジャン	コース	코스 コス	国内の	국내의 クンネエ
交渉する	교섭하다 キョソパダ	コート(服)	코트 コトゥ	国立公園	국립공원 クンニプコンウォン
香辛料の よく効いた	향신료 맛이 잘 나는 ニャンシンニョ マシ チャル ナヌン	コーヒー	커피 コピ	国立の	국립의 クンニベ
香水	향수 ヒャンス	コーヒー ショップ	커피숍 コピショプ	ここ	여기 ヨギ
降雪	강설 カンソル	コーラ	콜라 コルラ	午後	오후 オフ
高層ビル	고층빌딩 コチュンビルディン	凍らせた	얼린 オルリン	心地よい	편안하다 ピョナナダ
高速道路	고속도로 コソットロ	氷	얼음 オルム	午後の便	오후편 オフピョン
紅茶	홍차 ホンチャ	凍る	얼다 オルダ	腰	허리 ホリ
交通事故	교통 사고 キョトン サゴ	コールボタン	콜 버튼 コル ボトゥン	個室	독실 トッシル
交通渋滞	교통정체 キョトン ジョンチェ	小型車	소형차 ソヒョンチャ	コショウ	후추 フチュ
強盗	강도 カンド	小切手	수표 スピョ	故障	고장 コジャン
購入	구입 クイプ	故郷	고향 コヒャン	故障する	고장나다 コジャンナダ
公認 両替商	공인환전상 コンインファンジョンサン	国際	국제 クッチェ	故障中	고장중 コジャンジュン
交番	파출소 パチュルソ	国際運転 免許証	국제면허증 ククチェミョーンホチュン	個人用	개인용 ケインヨン
後輩	후배 フベ	国際線	국제선 クッチェソン	個性	개성 ケソン
興奮する	흥분하다 フンブナダ	国際電話	국제전화 クッチェジョヌァ	小銭	잔돈 チャンドン
		国産ビール	국산맥주 クッサンメッチュ	小銭入れ	잔돈／동전 지갑 チャントン／トンジョン チガプ

基本会話

グルメ

ショッピング

ビューティ

見どころ

エンタメ

ホテル

乗りもの

基本情報

単語集

日本語	韓国語		日本語	韓国語		日本語	韓国語
午前	오전 オジョン		ことわざ	속담 ソッタム		コレクト コール	콜렉트콜 コルレクトゥコル
午前の便	오전편 オジョンピョン		ことわる	거절하다 コジョラダ		壊れ物	파손 제품 パソン チェプム
答える	대답한다 デダパダ		粉	가루 カル		壊れる	파손되다 パソンデダ
国家	국가 クッカ		粉ミルク	분유 プニュ		今月	이번 달 イボン タル
国旗	국기 クッキ		コネクティング・ルーム	커넥팅 룸 コネッティン ルム		コンサート	콘서트 コンソトゥ
国境	국경 クッキョン		琥珀	호박 ホバッ		混雑	혼잡 ホンジャプ
骨折	골절 コルチョル		コピー	복사 ボクサ		コンシェルジュ	컨시어지 コンシオジ
小包	소포 ソッポ		500ウォン硬貨	오백원짜리 동전 オベゴンチャリ トンジョン		今週	이번주 イボンジュ
骨董品	골동품 コルトンプム		胡麻油	참기름 チャムキルム		コンセント	콘센트 コンセントゥ
骨董品店	골동품 가게 コルオンプム カゲ		困る	곤란해지다 コルラネジダ		コンタクトレンズ	콘텍트 렌즈 コンテットゥ レンズ
コットン	면 ミョン		ごみ	쓰레기 スレギ		コンドーム	콘돔 コンドム
コップ	컵 コプ		ごみ箱	쓰레기통 スレギトン		今晩	오늘 밤 オヌルバム
琴	금 クム		ゴム	고무 コム		コンビニエンスストア	편의점 ピョニジョム
小道具	소도구 ソドグ		小麦	밀 ミル		コンピューター・ウィルス	컴퓨터 바이러스 コムピュト バイロス
言葉	말 マル		小麦粉	밀가루 ミルカル		**さ**	
子供	어린이 オリニ		米	쌀 サル		サーカス	서커스 ソコス
子供と一緒に	아이와 함께 アイワ ハムケ		ゴルフ	골프 ゴルプ		サービス	서비스 ソビス
子供服	아동복 アドンボッ		ゴルフコース	골프코스 ゴルプコス		サービス料	서비스료 ソビスリョ
子供料金	어린이 요금 オリニ ヨグム		ゴルフボール	골프공 ゴルプゴン		サーフィン	서핑 ソピン
小鳥	작은 새 チャグン セ					災害	재해 チェヘ

171

再確認する	재 확인하다 チェファギナダ	再発行する	재발행하다 チェバレンハダ	札入れ	지갑 チガブ
再起動する	다시금 기동하다 タシグム キドンハダ	裁判	재판 チェバン	撮影禁止	촬영 금지 チャリョン クムジ
最近	최근 チェグン	財布	지갑 チガブ	作家	작가 チャッカ
サイクリング	사이클링 サイクルリン	材料	재료 チェリョ	サッカー	축구 チュック
在庫	재고 チェゴ	サイン	사인 サイン	雑貨店	잡화점 ジャバジョム
最後の	최후의 チェフエ	サウナ	사우나 サウナ	サックス	색소폰 セッソポン
サイコロ	주사위 チュサウィ	探す[捜す]	찾다 チャッタ	雑誌	잡지 チャプチ
祭日	축일 チュギル	魚	생선 センソン	砂糖	설탕 ソルタン
材質	재질 チェジル	酒店	주점 チュジョム	茶道	다도 タド
最終目的地	최종목적지 チェジョンモッチョッチ	詐欺	사기 サギ	砂漠	사막 サマッ
最終列車	마지막열차 マジマッ ヨンチャ	先払い	선불 ソンブル	(サッカー などの) サポーター	서포터 サポト
最小の	최소의 チェソエ	桜	벗꽃 ポッコッ	サマータイム	서머타임 ソモタイム
菜食主義者	채식주의자 チェシッチュウィジャ	サクランボ	체리 チェリ	様々な	여러가지 ヨロガジ
最初の	최초의 チェチョエ	酒	술 スル	寒い	춥다 チュプタ
最新の	최신의 チェシネ	差出人	발신인 パルシニン	寒気	한기 ハンギ
サイズ	사이즈 サイジュ	刺身	회 フェ	冷める	식다 シッタ
最前列	제일 앞줄 チェイル アプチュル	査証	비자 ビジャ	皿	접시 チョプシ
最大の	최대의 チェデエ	座席	좌석／자리 チャソッ／チャリ	サラダ	샐러드 セルロドゥ
財団	재단 チェダン	座席番号	좌석번호 チャソッポノ	猿	원숭이 ウォンスンイ
最低料金	최저요금 チェジョヨグム	左折禁止	좌회전 금지 チャフェジョン クムジ	ざる	바구니 バグニ

さわやかな	상쾌한 サンクェハン	ジーンズ	청바지 チョンバジ	時刻	시각 シカッ
三角	삼각 サムカッ	自営業	자영업 チャヨンオプ	時刻表	시각표 シガッピョ
三脚	삼각대 サムガッテ	ジェスチャー	제스처 ジェスチョ	事故証明書	사고 증명서 サゴ ジュンミョンソ
サングラス	선글라스 ソングルラス	支援	지원 チウォン	仕事	일 イル
珊瑚礁	산호초 サノチョ	塩	소금 ソグム	時差	시차 シチャ
酸素マスク	산소 마스크 サンソ マスク	塩辛い	짜다 チャダ	時差ボケ	시차병 シチャビョン
産地	산지 サンジ	塩漬けにした	소금에 절인 ソグメ チョリン	磁石	자석 チャソッ
サンドイッチ	샌드위치 セントウウィチ	歯科医	치과의사 チックァウィサ	刺繍	자수 チャス
サンバ	삼바 サンバ	市街	시내 シネ	辞書	사전 サジョン
桟橋	부두 ブトゥ	市街地図	시내 지도 シネ チド	地震	지진 チジン
散髪	이발 イバル	市外通話	시내 통화 シネ トンファ	静か	조용 チョヨン
散歩	산책 サンチェッ	四角	사각 サカッ	静かな	조용한 チョヨンハン
し		自画像	자화상 チャファサン	静かに	조용히 チョヨンイ
市	시 シ	時間	시간 シガン	史跡	사적 サジョッ
痔	치질 チジル	至急	긴급 キンクプ	施設	시설 シソル
試合	시합 シハプ	刺激物	자극적인 것 チャグッチョギン ゴッ	自然	자연 チャヨン
シーツ	시트 シトゥ	試験	시험 シホム	下	밑/아래 ミッ/アレ
CD店	CD 가게 シディ カゲ	資源	자원 チャウォン	舌	혀 ヒョ
シートベルト	안전 벨트 アンジョン ベルトゥ	事件	사건 サコン	(～の) 下	(～의) 아래 (～エ) アレ
寺院	사원 サウォン	事故	사고 サゴ	下着	속옷 ソゴッ

親しい	친하다 チナダ	自動車	자동차 チャドンチャ	地味	수수하다 ススハダ
下の	밑의／아래의 ミテ／アレエ	自動販売機	자동 판매기 チャドン パンメギ	ジム	체육관／도장 チェユックァン／トジャン
下の階	아래층 アレチュン	市内	시내 シネ	事務所	사무소 サムソ
試着室	시착실 シチャカダ	市内通話	시내통화 シネトンファ	湿った	축축한 チュッチュッカン
試着する	시착하다 シチャクハダ	市内へ	시내로 シネロ	閉める	닫다 タッタ
市庁舎	시청 シチョン	品切れ	품절 プムチョル	地面	지면 チミョン
質	질 チル	品物	물품 ムルプム	社会福祉	사회복지 サフェボッジ
歯痛	치통 チトン	市の中心部	시내중심부 シネチュンシムブ	ジャガイモ	감자 カムジャ
失業	실업 シロプ	芝居	연극 ヨンクッ	市役所	시청 シチョン
実際に	실제로 シルチェロ	支配人	지배인 チベイン	蛇口	수도꼭지 スドコッチ
湿度	습도 スプト	始発電車	첫 전차 チョッ チョンチャ	車掌	차장 チャジャン
湿度が高い	습도가 높다 スプトガ ノプタ	芝生	잔디밭 チャンディバッ	写真	사진 サジン
失敗する	실패하다 シルペハダ	支払い	지불 チブル	写真店	사진현상소 サジンヒョンサンソ
湿布	찜질 チムジル	持病	지병 チビョン	ジャズ	재즈 チェジュ
質問	질문 チルムン	紙幣	지폐 チペ	ジャズクラブ	재즈클럽 チェズクルロブ
質問する	질문하다 チルムナダ	脂肪	지방 チバン	社長	사장 サチャン
室料	숙박료 スッパンニョ	島	섬 ソム	シャツ	셔츠 ショチュ
指定席	지정석 チジョンソッ	姉妹	자매 チャメ	シャッター	셔터 ショット
自転車	자전거 チャジョンゴ	閉まる／閉める	닫히다／닫다 タッチダ／タッタ	車道	차도 チャド
自動	자동 チャドン	シミ	얼룩 オルルッ	ジャム	잼 チェム

車両	차량 チャリャン	充電する	충전하다 チュンジョナダ	出発時間	출발 시간 チュルバル シガン
シャワー	샤워 シャウォ	柔道	유도 ユド	出発する	출발하다 チュルバラダ
シャワー 付き	샤워기가 달린 シャウォギガ タルリン	週末	주말 チュマル	出発ロビー	출발 로비 チュルバル ロビ
シャンプー	샴푸 シャムプ	修理工場	정비소 チョンビソ	出版社	출판사 チュルパンサ
週	주 チュ	修理する	수리하다 スリハダ	首都の	수도의 スドエ
銃	총 チョン	授業料	수업료 スオムニョ	主婦	주부 チュブ
自由	자유 チャユ	塾	학원 ハグォン	趣味	취미 チュイミ
獣医	수의 スウィ	祝日	국경일 クッキョンイル	主役	주역 チュヨッ
習慣	습관 スックァン	宿泊カード	숙박 카드 スッパッ カドゥ	種類	종류 チョンニュ
宗教	종교 チョンギョ	宿泊客	숙박객 スッパッケッ	受話器	수화기 スファギ
集合場所	집합 장소 チパプ チャンソ	手術	수술 ススル	準備	준비 チュンビ
(〜の)収集	(의) 수집 (エ) スジプ	首相	수상 スサン	順路	올바른 길 オルバルン ギル
住所	주소 チュソ	主人公	주인공 チュインゴン	上演	상연 サンヨン
就職	취직 チュジッ	(メールを) 受信する	수신 スシン	ショウガ	생강 センガン
ジュース	쥬스 チュス	出血する	출혈하다 チュリョラダ	紹介する	소개하다 ソゲハダ
修正する	수정하다 スジョンハダ	出国カード	출국카드 チュルクッカドゥ	消化器	소화기 ソファギ
自由席	자유석 チャユソッ	出国税	출국세 チュルグッセ	正月	정월 チョンウォル
渋滞	정체 チョンチェ	出身地	출신지 チュルシンジ	小学校	소학교 ソハッキョ
終電	막차 マッチャ	出入国管理	출입국관리 チュリプクックァルリ	消化不良	소화불량 ソファブルリャン
充電器	충전기 チュンジョンギ	出発	출발 チュルバル	乗客	승객 スンゲッ

175

日本語	韓国語		日本語	韓国語		日本語	韓国語
状況	상황 サンファン		情報誌	정보지 チョンボジ		食器	식기 シッキ
条件	조건 チョコン		消防署	소방서 ソバンソ		食器店	그릇가게 クルッカゲ
証拠	증거 チュンゴ		照明	조명 チョミョン		ショッピング街	쇼핑가리 ショピンゴリ
正午	정오 チョンオ		正面スタンド	정면 스탠드 チョンミョン ステンドゥ		ショッピングセンター	쇼핑센터 ショッピンセント
詳細	상세 サンセ		醤油	간장 カンジャン		ショッピングモール	쇼핑몰 ショッピンモル
錠剤	알약 アルリャク		常用薬	상용약 サンヨンニャッ		書店	서점 ソジョム
上司	직장의 윗사람 チッチャンエ ウィッサラム		使用料	사용료 サヨンニョ		処方せん	처방전 チョバンジョン
正直な	정직한 チョンジカン		ショー	쇼 ショ		署名	서명 ソミョン
症状	증상 チュンサン		ジョギング	조깅 チョギン		所有物	소유물 ソユムル
小説	소설 ソソル		食あたり	식중독 シクチュンドッ		書類	서류 ソリュ
乗船券	승선권 スンソンクォン		職業	직업 チゴプ		調べる	조사하다 チョサハダ
肖像画	초상화 チョサンファ		食事	식사 シッサ		シリアル	시리얼 シリオル
招待(する)	초대(하다) チョデ ハダ		食堂	식당 シッタン		シルク	실크 シルク
冗談	농담 ノンダム		食堂車	식당차 シッタンチャ		城	성 ソン
使用中	사용중 サヨンジュン		職人	장인 チャンイン		白い	희다／하얗다 ヒダ／ハヤッタ
焼酎	소주 ソジュ		職場	직장 チッチャン		シワ	주름 チュルム
消毒液	소독약 ソドンニャッ		植物	식물 シンムル		シンガポール	싱가포르 シンガポル
衝突	충돌 チュンドル		植物園	식물원 シンムルウォン		新刊	신간 シンガン
乗馬	승마 スンマ		食欲	식욕 シギョッ		新幹線	신간선 シンガンソン
情報	정보 チョンボ		食料品店	식료품가게 シンニョップムカゲ		シングルルーム	싱글룸 シングルルム

176

基本会話

グルメ

ショッピング

ビューティ

見どころ

エンタメ

ホテル

乗りもの

基本情報

単語集

信号	신호 シノ	新聞	신문 シンムン	数字	숫자 スッチャ
人口	인구 イング	じんましん	두드러기 トゥドゥロギ	スーツ	스우트 スウトゥ
人工の	인공의 インゴンエ	深夜	심야 シミャ	スーツ ケース	여행용 가방 ヨヘンヨン カバン
人工皮革	인조피혁 インジョピヒョッ	親友	친구 チング	スーパー マーケット	슈퍼마켓 シュポマケッ
申告	신고 シンゴ	心理学	심리학 シムニハッ	スエード	쉬웨드 スウィウェト
申告書	신고서 シンゴソ			スカート	치마 チマ
申告する	신고하다 シンゴハダ	**す**		スカーフ	스카프 スカップ
新婚旅行	신혼여행 シンホンヨヘン	酢	식초 シッチャ	スキー	스키 スキ
診察	진찰 チンチャル	スイート ルーム	스위트 룸 スウィトゥ ルム	ズキズキ 痛む	욱신거리다 ウッシンゴリダ
真実	진실 チンシル	水泳	수영 スヨン	過ぎる	지나치다 チナチダ
寝室	침실 チムシル	水彩画	수채화 スチェファ	すぐに	곧바로／즉시 コッパロ／チュッシ
真珠	진주 チンジュ	水晶	수정 スジョン	スケジュール	일정 イルチョン
紳士用	신사용 シンサヨン	推薦	추천 チュチョン	スケッチ禁止	스케치 금지 スケチ クムジ
親戚	친척 チンチョッ	水族館	수족관 スジョックァン	スコアボード	스코어 보드 スコオ ボドゥ
親切	친절 チンジョル	スイッチ	스위치 スウィチ	少し	조금 チョグム
心臓	심장 シムジャン	水筒	수통 ストン	寿司	초밥 チョバプ
寝台車	침대차 チムデチャ	水道	수도 スド	涼しい	시원하다 シウォナダ
寝台料金	침대차 요금 チムデチャ ヨグム	睡眠	수면 スミョン	勧める	권하다 クォナダ
診断書	진단서 チンダンソ	睡眠不足	수면부족 スミョンブジョッ	スター	스타 スタ
新年	신년／새해 シンニョン／セヘ	睡眠薬	수면제 スミョンジェ	スタイル	스타일 スタイル
		スウェーデン	스웨덴 スウィデン		

177

スタンド	스탠드 ステンドゥ	スポーツ用品店	스포츠용품점 スポチュヨンブムジョム	政治	정치 チョンチ
頭痛	두통 トゥトン	ズボン	바지 バジ	生鮮食品	생선식품 センソンシップム
すっぱい	시다 シダ	隅の席	구석자리 クソッチャリ	正装	정장 チョンジャン
ステージ	스테이지／무대 ステイジ ／ムデ	住む	살다 サルダ	生年月日	생년월일 センニョンウォリル
素敵な	멋있는 モシンヌン	すり	소매치기 ソメチギ	性別	성별 ソンビョル
捨てる	버리다 ポリダ	すりおろした	갈은 カルン	制服	제복 チェボッ
ストーブ	스토브 ストブ	スリッパ	슬리퍼 スルリポ	姓名	성명 ソンミョン
ストッキング	스타킹 スタキン	スリル	스릴 スリル	生理痛	생리통 センニトン
ストレート／真っすぐ	스트레이트／똑바로 ストレイトゥ／トッバロ	3D	스리디 スリダ	生理日	생리일 センニイル
ストレス	스트레스 ストゥレス	座る	앉다 アンタ	生理用ナプキン	생리대 センニデ
ストロー	빨대／스트로 パルテ／ストゥロ		せ	生理用品	생리용품 センニヨンブム
スナック菓子	스넥 과자 スネッ クァジャ	姓	성 ソン	西暦	서력 ソリョク
砂浜	모래사장 モレサジャン	(〜の) 生家	(의) 생가 (エ) センガ	税を払う	세금을 내다 セグムル ネダ
スニーカー	운동화 ウンドンファ	生花店	꽃집 コッチブ	セーター	스웨터 スウェト
スピーカー	스피커 スピコ	税関	세관 セグァン	セーフティ・ボックス	세이프티 박스 セイプティ バッス
スプーン	스푼／숟가락 スプン／スッカラッ	税関申告書	세관신고서 セグァンシンゴソ	セール	세일 セイル
スペイン	스페인 スペイン	請求	청구 チョング	セールスマン	세일즈맨 セイルジュメン
すべての	모두의 モドゥエ	請求書	청구서 チョングソ	世界	세계 セゲ
すべりやすい	미끄러지기 쉽다 ミックロジギ シプタ	税金	세금 セグム	世界遺産	세계유산 セゲユサン
スポーツ	스포츠 スポチュ	清潔な	청결한 チョンギョラン	咳	기침 キチム

席	자리 チャリ	洗浄液	세정제 セジョンジェ	双眼鏡	쌍안경 サンアンギョン
席を 予約する	좌석을 예약하다 チャソグル イェヤッカダ	洗浄ボタン	세정 버튼 セジョン ボトゥン	走行距離	보행거리 ボヘンゴリ
石けん	비누 ビヌ	戦争	전쟁 チョンジェン	総合検診	종합 검진 チョンハブ コムジン
接続	접속 チョプソッ	ぜんそく	천식 チョンシッ	掃除	청소 チョンソ
接着剤	접착제 チョプチャッジェ	洗濯	빨래 パルレ	掃除する	청소하다 チョンソハダ
セット	세트 セットゥ	洗濯機	세탁기 セタッキ	掃除中	청소중 チョンソジュン
セット メニュー	세트메뉴 セットゥメニュ	洗濯する	빨래하다 パルレハダ	痩身	마른 체질 マルン チェジル
説明書	설명서 ソルミョンソ	洗濯物	세탁물 セタンムル	（メールを） 送信する	송신 ソンシン
せともの	도자기 トジャギ	船長	선장 ソンジャン	騒々しい	시끄럽다 シックロプタ
背中	등 トゥン	宣伝	선전 ソンジョン	送付先	송부처 ソンブチョ
セマウル号	새마을호 セマウロ	栓抜き	병따개 ビョンタゲ	ソウル ミュージック	서울 음악 ソウル ウマッ
セルフ サービス	셀프서비스 セルプソビス	先輩	선배 ソンベ	速達	속달 ソッタル
栓	마개 マゲ	扇風機	선풍기 ソンプンギ	速度計	속도계 ソットゲ
先月	지난달 チナンダル	前方	전방 チョンバン	速報	속보 ソッポ
洗剤	세제 セジェ	前方の席	앞쪽 좌석 アプチョッ チャソッ	底	밑바닥 ミッパダッ
船室	선실 ソンシル	専門医	전문의 チョンムニ	素材	소재 ソジェ
船室係	선실담당 ソンシルタムダン	専門学校	전문 학교 チョンムン ハッキョ	卒業	졸업 チョロブ
船室手荷物	선실수하물 ソンシルスハムル	専門店	전문점 チョンムンジョン	率直な	솔직한 ソルジカン
先週	지난 주 チナン ジュ		**そ**	外	밖 バッ
		像	상 サン	ソファ	소파 ソパ

ソフトウェア	소프트웨어 ソフトゥウェオ	体操	체조 チェジョ	ただ	단지 タンジ
ソプラノ	소프라노 ソプラノ	大統領	대통령 テットンニョン	正しい	맞다 マッタ
空	하늘 ハヌル	台所	부엌 プオッ	立ち見席	입석 イブソッ
(〜を) 尊敬する	존경하다 チョンギョンハダ	台風	태풍 テプン	立つ	서다 ソダ
た		タイヤ	타이어 タイオ	竜巻	회오리바람 フェオリバラム
タイ	태국 テグッ	ダイヤモンド	다이아몬드 タイアモンドゥ	脱脂綿	탈지면 タルジミョン
体温	체온 チェオン	太陽	태양 テヤン	建物	건물 コンムル
体温計	체온계 チェオンケ	台湾	대만 テマン	建てる	세우다／짓다 セウダ／チッタ
大学	대학 テハッ	ダウンロード	다운로드 タウンロドゥ	種	종자 チョンジャ
大学生	대학생 テハッセン	タオル	타월／수건 タウォル／スゴン	楽しい	즐겁다 チュルゴブタ
退屈する	지루하다 チルハダ	高い(高さ)	높다 ノブタ	タバコ	담배 タムベ
滞在する	체재하다 チェジェハダ	高い(値段)	비싸다 ビッサダ	タバコを吸う	담배를 피우다 タムベルル ピウダ
滞在予定 期間	체재예정 기간 チェジャイエジョン キガン	滝	폭포 ポッポ	タヒチ	타히티 タヒティ
大寺院	대사원 テサウォン	炊く	짓다 チッタ	ダブルルーム	더블룸 ドブルルム
大使館	대사관 テサグァン	たくさんの	많은 マヌン	食べる	먹다 モッタ
体質	체질 チェジル	タクシー	택시 テッシ	打撲	타박상 タバッサン
体重	몸무게 モムムゲ	タクシー 乗り場	택시 승차장 テッシ スンチャジャン	卵	계란 ケラン
大丈夫	괜찮다 クェンチャンタ	託児所	탁아소 タガソ	タマネギ	양파 ヤンパ
大聖堂	대성당 テソンダン	宅配便	배달편 ベタルピョン	試す	시험하다 シホマダ
大切な	중요한 チュンヨハン	助ける	돕다 トブタ	足りない	모자라다 モジャラダ

タワー	타워 タウォ
単語	단어 タノ
炭酸水	소다수 ソダス
炭酸 なしの水	탄산이 들어있지 않는 물 タンサニ トゥロイッチ アンヌン ムル
男女	남녀 ナムニョ
誕生日	생일 センイル
男女共同	남녀공동 ナムニョコンドン
タンス	옷장 オッチャン
団体	단체 タンチェ
団体旅行	단체여행 タンチェヨヘン
暖房	난방 ナンバン
ダンボール	골판지 コルパンジ
暖炉	난로 ナルロ

ち

血	피 ピ
地域	지역 チヨッ
小さい	작다 チャッタ
チェコ	체코 チェコ
チェック アウト	체크아웃 チェックアウッ

チェックア ウトの時間	체크아웃 시간 チェックアウッ シガン
チェックイン	체크인 チェックイン
地下	지하 チハ
近くにある	근처에 있다 クンチョエ イッタ
地下鉄	지하철 チハチョル
地下鉄駅	지하철역 チハチョルリョク
地下鉄 路線図	지하철 노선도 チハチョル ノソンド
近道	지름길 チルムギル
近道する	지름길로 가다 チルムキルロ カダ
地球	지구 チグ
チケット	티켓 ティケッ
チケット ショップ	매표소 メピョソ
地図	지도 チド
父	아버지 アボジ
チップ	팁 ティプ
チップ (カジノでのゲ ームコイン)	칩 チプ
地方	지방 チバン
着陸	착륙 チャンニュッ
チャット	잡담 チャプタム
チャンス	찬스 チャンス

注意	조심 チョシム
中学生	중학생 チュンハッセン
中型車	중형차 チュンヒョンチャ
中学校	중학교 チュンハッキョ
中くらい	중간정도 チュンガンチョンド
中国	중국 チュングッ
中国産	중국산 チュングッサン
中国料理	중국요리 チュングンニョリ
中古品	중고품 チュンゴプム
注射	주사 チュサ
駐車禁止	주차금지 チュチャクムジ
駐車場	주차장 チュチャジャン
駐車する	주차하다 チュチャハダ
駐車料金	주차요금 チュチャヨグム
昼食	점심 チョムシム
注文	주문 チュムン
注文する	주문하다 チュムナダ
長距離電話	장거리전화 チャンゴリジョナ
彫刻	조각 チョガッ
彫刻家	조각가 チョガッカ

頂上	정상 チョンサン	疲れる	피곤하다 ピゴナダ	庭園	정원 チョンウォン
朝食	아침식사 アチムシッサ	月	달 タル	定価	정가 チョンガ
長方形	장방형 チャンバンヒョン	次の	다음 タウム	テイクアウト (持ち帰り)	테이크아웃 テイクアウッ
調味料	조미료 チョミリョ	月日	날짜 ナルチャ	定刻	정각 チョンガッ
チョコレート	초콜릿 チョコルリ	机	책상 チェッサン	停車場 (長距離バスの)	장거리 버스 정류장 チャンゴリ　ボス チョンニュジャン
直行バス	직행 버스 チケン　ボス	続ける	계속하다 ゲソカダ		
直行便	직행편 チケンピョン	包んで	싸서 サソ	定食	정식 チョンシッ
治療	치료 チリョ	つぶした	으깬 ウケン	ティッシュ	티슈 ティシュ
鎮痛剤	진통제 チントンジェ	爪	손톱 ソントブ	停留所 (バスの)	정류소 チョンニュソ
つ		爪切り	손톱깎이 ソントブカッキ	テーブル	테이블 テイブル
ツアー	투어 トゥオ	冷たい	차갑다 チャガプタ	テーブル クロス	테이블 보 テイブル　ボ
ツアー料金	투어요금 トゥオヨグム	梅雨	장마 チャンマ	手紙	편지 ピョンジ
追加する	추가하다 チュガハダ	強い	강하다 カンハダ	できたての	갓 만든 カッ　マンドゥン
追加料金	추가요금 チュガヨグム	釣り銭	거스름돈 コスルムトン	(~で) 出来ている	(으) 로 되어있다／ (으) 로 만들어져 있다 ウロ　テオイッタ／ウロ マンドゥロジョ　イッタ
ツイッター	트위터 トゥウィト	連れ	동행 トンヘン		
ツインルーム	트윈룸 トゥウィンルム	**て**		出口	출구 チュルグ
通貨申告	통화신고 トンファシンゴ	提案	제안 チェアン	デザート	디저트 ディジョトゥ
通行止め	통행을 막음 トンヘンウル　マグム	Tシャツ	티셔츠 ティショチュ	デザート スプーン	디저트 스푼 ディジョトゥ　スプン
通訳する	통역하다 トンヨッカダ	ティーバッグ	티백 ティベッ	デザイナー	디자이너 ディジャイノ
通路側の席	통로쪽 좌석 トンノチョッ　チャソッ	ディーラー	딜러 ディルロ	デザイン	디자인 ディジャイン

デジタルカメラ	디지털 카메라 ディジトル カメラ
手数料	수수료 ススリョ
手帳	수첩 スチョプ
哲学	철학 チョラッ
手作りの	수직 スジッ
手伝う	거들다 コドゥルダ
鉄道	철도 チョルト
鉄道駅	철도역 チョルトヨッ
テニス	테니스 テニス
テニスコート	테니스장 テニスジャン
テニスボール	테니스공 テニスゴン
手荷物	수화물 スファムル
手荷物預かり所	짐 보관소 チム ボグァンソ
手荷物預かり札	수화물 보관권 スファムル ボグァンクォン
デパート	백화점 ペクァジョム
手袋	장갑 チャンガプ
寺	절 チョル
テレビ	텔레비전 テルレビジョン
照れる	쑥스러워하다 ススロウォハダ
テロ	테러 테로

手をつなぐ	손을 잡다 ソヌル チャプタ
店員	점원 チョモン
天気	날씨 ナルシ
電気	전기 チョンギ
電気製品	전기제품 チョンギジェプム
天気予報	일기예보 イルギイェボ
伝言	전할 말 チョナル マル
展示	전시 チョンシ
展示する	전시하다 チョンシハダ
電車	전차 チョンチャ
天井	천정 チョンジョン
電池	건전지 コンチョンジ
テント	천막 チョンマッ
伝統	전통 チョントン
伝統行事	전통행사 チョントンヘンサ
伝統工芸	전통공예 チョントンコンイェ
電報	전보 チョンボ
展望台	전망대 チョンマンデ
デンマーク	덴마크 デンマク
展覧会	전람회 チョルラメ

電話	전화 チョナ
電話代	전화요금 チョナヨグム
電話帳	전화번호부 チョナボノブ
電話ボックス	전화 박스 チョナ バッス

と

ドア	문 ムン
ドイツ	독일 トギル
トイレ	화장실 ファジャンシル
トイレットペーパー	휴지 ヒュジ
道(韓国の行政単位)	도 ド
動画	동영상 トンヨンサン
唐辛子	고춧가루 コッチュッカル
同級生	동급생 トングプセン
陶磁器店	도자기 가게 トジャギ カゲ
搭乗	탑승 タプスン
搭乗ゲート	탑승 게이트 タプスン ケイトゥ
搭乗券	탑승권 タプスンクォン
搭乗時間	탑승시간 タプスンシガン
銅像	동상 トンサン
到着	도착 トチャッ

到着が遅い	도착이 늦다 トチャギ ヌッタ	図書館	도서관 トソグァン	ドラム	드럼 トゥロム
到着時間	도착시간 トチャッシガン	土地の 名物料理	지방의 명물요리 チバンエ ミョンムルヨリ	トランク (自動車の)	트링크 トゥロンク
到着する	도착하다 トチャッカダ	とっておく	놔 두다 ナ ドゥダ	トランプ	트럼프 トゥロムプ
盗難証明書	도난증명서 トナンジュンミョンソ	届ける	보내다 ポネダ	トランペット	트럼펫 トゥロムペッ
糖尿病	당뇨병 タンニョビョン	とどまる	머무르다 モムルダ	鳥	새 セ
動物	동물 トンムル	どのくらい	얼마나/얼마쯤 オルマナ/オルマチュム	取り扱い 注意	취급주의 チュイグプチュイ
動物園	동물원 トンムルォン	徒歩	도보 トボ	取り替える	바꾸다/교환하다 パックダ/キョファナダ
同僚	동료 トンニョ	トマト	토마토 トマト	取り消す	취소하다 チュソハダ
道路	도로 トロ	とまどう	허둥대다 ホドゥンデダ	鶏肉	닭고기 タッコギ
道路地図	도로지도 トロジド	停まる	멈추다 モムチュダ	トルコ	터키 トキ
遠い	멀다 モルダ	泊まる	묵다 ムクタ	ドレス	드레스 ドゥレス
トースト	토스트 トストゥ	友だち	친구 チング	泥棒	도둑 トドゥッ
通り	거리 コリ	ドライアイス	드라이 아이스 ドゥライ アイス	な	
都会の	도시의 トシエ	ドライクリ ーニング	드라이클리닝 ドゥライ クルリニン	内科医	내과의사 ネクァウィサ
特産品	특산물 トゥクサンムル	ドライブ	드라이브 ドゥライブ	内線	내선 ネソン
読書灯	독서등 トッソドゥン	ドライヤー	드라이어 ドゥライオ	ナイトクラブ	나이트 클럽 ナイットゥ クルロブ
特徴	특징 トゥッチン	ドラッグ ストア	약국 ヤックッ	ナイト スポット	밤의 명소 パメ ミョンソ
特別行事	특별행사 トゥッピョルヘンサ	トラブル	트러블 トゥロブル	ナイトツアー	나이트 투어 ナイットゥ トゥオ
時計	시계 シゲ	トラベラーズ・ チェック	여행자 수표 ヨヘンジャ スピョ	ナイト テーブル	나이트 테이블 ナイットゥ テイブル
時計店	시계가게 シゲカゲ	ドラマ	드라마 トゥラマ	ナイフ	나이프 ナイプ

日本語	韓国語		日本語	韓国語		日本語	韓国語
ナイロン	나일론 ナイルロン		何でも	무엇이든지 ムオシドゥンジ		日本車	일본차 イルボンチャ
治す	고치다 コチダ					日本人	일본사람 イルボンサラム
長い	길다 キルダ		## に			日本 大使館	일본대사관 イルボンテサグァン
長袖	긴 소매 キン ソメ		似合う	어울리다 オウルリダ		日本の 連絡先	일본의 연락처 イルボネ ヨルラクチョ
中身	내용물 ネヨンムル		匂う	냄새가 나다 ネムセガ ナダ		日本料理	일본요리 イルボンニョリ
眺め	전망 チョンマン		2階	2층 イチュン		荷物	짐 チム
眺めがよい	전망이 좋다 チョンマンイ チョッタ		苦い	쓰다 スダ		荷物 受取所	짐수취소 チムスチュィソ
泣く	울다 ウルダ		2階席 (劇場の)	2층석 イチュンソッ		荷物棚	선반 ソンバン
夏	여름 ヨルム		2階前方席 (劇場の)	2층 앞쪽 좌석 イチュン アプチョッ チャソク		荷物引き取り	짐을 인수하다 チムル インスハダ
夏休み	여름 방학 ヨルム バンハッ		逃がす	놓치다 ノッチダ		乳液	유액 ユエッ
何か	무엇인가 ムオシンガ		ニキビ	여드름 ヨドゥルム		入学	입학 イパッ
ナプキン	냅킨 ネプキン		賑やかな	북적이다 ブッチョギダ		入国	입국 イプクッ
名札	명찰／이름표 ミョンチャル／イルムピョ		煮込んだ	푹 끓인 ブッ クリン		入国カード	입국 카드 イプクッ カトゥ
鍋	냄비 ネムビ		西	서／서쪽 ソ／ソチョク		入国管理	입국 관리 イプクッ クァルリ
名前	이름 イルム		24時間営業	24시간영업 イシブサシガン ヨンオプ		入国審査	입국 심사 イプクッ シムサ
生ジュース	생쥬스 センジュス		偽物	가짜 カチャ		入国目的	입국 목적 イプクッ モクチョッ
生もの	생것 センコッ		日用品	일용품 イリョンブム		入場料	입장료 イプチャンニョ
波	물결 ムルキョル		日記	일기 イルギ		ニュース	뉴스 ニュス
涙	눈물 ヌンムル		日食	일식 イルシッ		入力する	입력 イムニョッ
軟膏	연고 ヨンゴ		2等	2등 イドゥン		尿	오줌／소변 オジュム／ソビョン
			日本	일본 イルボン			

基本会話

グルメ

ショッピング

ビューティ

見どころ

エンタメ

ホテル

乗りもの

基本情報

単語集

庭	마당 マダン	値札	가격표 カギョッピョ	乗りそこなう	차를 놓지다 チャルル ノッチダ
人気	인기 インキ	眠い	졸리다 チョルリダ	乗り継ぎ (トランジット)	갈아탐 カラタム
人気の高い ツアー	인기 있는 투어 インキ インヌン トゥオ	寝る	자다 チャダ	乗り継ぎ カウンター	연결편 수속 카운터 ヨンギョルピョン スソッ カウント
人形	인형 イニョン	ねんざ	삐다 ピッダ	乗り物酔い	차멀미 チャモルミ
人数	인원수／사람수 イノンス／サラムス	年中行事	연중행사 ヨンジュンヘンサ	乗る	타다 タダ
ニンニク	마늘 マヌル	年齢	나이 ナイ	ノルウェー	노르웨이 ノルウェイ
妊婦	임신부 イムシンプ				
ぬ		**の**		**は**	
盗まれた品物	도난품 トナンプム	脳	뇌 ヌェ	歯	이 イ
ぬるい	미지근하다 ミジグナダ	農家	농가 ノンガ	バー	바 バー
濡れる	젖다 チョッタ	農業	농업 ノンオプ	バーゲン	바겐 バゲン
ね		脳しんとう	뇌진탕 ヌェジンタン	パーティ	파티 パティ
ネクタイ	넥타이 ネッタイ	脳卒中	뇌졸중 ヌェチョルジュン	ハードウェア	하드웨이 ハドゥウェイ
猫	고양이 コヤンイ	のどが痛い	목이 아프다 モギ アプダ	肺炎	페렴 ペリョム
ネズミ	쥐 チュ	飲み物	마실 것 マシル コッ	バイオリン	바이올린 バイオルリン
値段	가격／값 カギョッ／カプ	飲む	마시다 マシダ	バイキング	바이킹 バイキン
熱	열 ヨル	のり	김 キム	灰皿	재떨이 チェットリ
熱狂的な	열광적인 ヨルクァンジョギン	乗り換え	환승 ファンスン	配送	배송 ペソン
ネックレス	목걸이 モッゴリ	乗り換え券	환승권 ファンスンクォン	俳優	배우 ペウ
値引き	싸게 함 サゲ ハム	乗り換える	갈아타다 カラタダ	入る	들어가다 トゥロガダ
		乗り込む	올라타다 オルラタダ	ハエ	파리 パリ

ハガキ	엽서 ヨプソ	バスタブ	욕조 ヨッチョ	歯ブラシ	칫솔 チッソル
はかり	저울 チョウル	バスタブ付き	욕조가 달린 ヨッチョガ タルリン	葉巻	시가 シガ
吐き気	구역질 クヨッチル	バス付き	욕실이 달린 ヨッシリ タルリン	浜辺	바닷 가 バダッカ
吐く	토하다 トハダ	バス停	버스정류장 ボスチョンニュジャン	歯磨き粉	치약 チヤッ
拍手	박수 パッス	パスポート (旅券)	패스포트(여권) ペスポトゥ ヨクォン	早く	빨리 パルリ
博物館	박물관 パンムルグァン	バス路線図	버스 노선도 ボス ノソンド	払う	내다／지불하다 ネダ／ジブルラダ
博覧会	박람회 パンナメ	パスワード	패스워드 ペスウォドゥ	パラソル	파라솔 パラソル
バゲージタグ	배기지 태그 ペギジ テグ	パソコン	컴퓨터 コンピュト	針	바늘 パヌル
箱	상자 サンジャ	旗	기 キ	春	봄 ボム
はさみ	가위 カウィ	バター	버터 ポト	ハリケーン	허리케인 ホリケイン
橋	다리 タリ	肌寒い	으스스 춥다 ウスス チュプタ	バルコニー	발 코니 バル コニ
はし(箸)	젓가락 チョッカラッ	蜂蜜	꿀 クル	晴れ	맑음 マルグム
始まる	시작되다 シジャッテダ	ハッキング	해킹 ヘキン	バレエ	발레 バルレ
始める	시작하다 シジャカダ	バッグ	백 ベッ	バレンタイ ンデー	발렌타인 데이 バルレンタイン デイ
初めての	첫 チョッ	バッテリー	밧데리 バッテリ	ハワイ	하와이 ハワイ
パジャマ	파자마 パジャマ	派手	화려하다 ファリョハダ	パン	빵 パン
場所	장소 チャンソ	花	꽃 コッ	バン(車)	밴 ベン
バス	버스 ボス	花束	꽃다발 コッタバル	ハンガー	옷걸이 オッコリ
パス	패스 ペス	花火	불꽃 プルコッ	繁華街	번화가 ボナガ
バスタオル	바스타월 バスタウォル	母	어머니 オモニ	ハンカチ	손수건 ソンスゴン

日本語	韓国語		日本語	韓国語		日本語	韓国語
パンク	펑크 ポンク		日帰り観光	당일치기 관광 タンイルチギ クァングァン		必要	필요하다 ピリョハダ
番号	번호 ボノ		日帰り旅行	당일치기 여행 タンイルチギ ヨヘン		ビデオカメラ	비디오 카라 ビデオ カメラ
番号案内	전화번호 안내 チョナボノ アンネ		皮革	피혁 ピヒョッ		ひどく痛い	많이 아프다 マニ アプダ
バンコク	만곡 マンゴッ		皮革製品	피혁제품 ピヒョッ チェプム		1人あたり	한 사람당 ハン サラムダン
絆創膏	반창고 パンチャンコ		東	동/동쪽 トン/トンチョッ		皮膚	피부 ピブ
半袖	반소매 パンソメ		引き出し	서랍 ソラプ		秘密	비밀 ピミル
パンダ	팬더 ペンド		引く	당기다 タンギダ		100ウォン 硬貨	백원짜리 동전 ペグォンチャリ トンジョン
反対する	반대하다 パンデハダ		悲劇	비극 ピグッ		日焼け	썬텐 ソンテン
ハンドル	핸들 ヘンドゥル		ひげそり	면도기 ミョンドギ		日焼け止め クリーム	선크림 ソンクリム
半日の	반나절의 パンナジョレ		飛行機	비행기 ピヘンギ		ビュッフェ	뷔페 ブィペ
ハンバーガー	햄버거 ヘムボゴ		ビザ(査証)	비자(사증) ピジャ サチュン		費用	비용 ピヨン
パンフレット	팜플렛 パムプルレッ		美術館	미술관 ミスルグァン		秒	초 チョ
半分	반 パン		非常口	비상구 ピサング		病院	병원 ピョンウォン
ひ			非常ボタン	비상버튼 ピサンボトゥン		美容院	미용실 ミヨンシル
火	불 ブル		左	왼쪽 ウェンチョク		美容液	미용액 ミヨンエッ
日	날짜 ナルチャ		左へ曲がる	왼쪽으로 돌다 ウェンチョグロ トルダ		病気	병 ピョン
ピアス	피어스 ピオス		日付	날짜 ナルチャ		表紙	표지 ピョジ
ピアノ	피아노 ピアノ		引っ越す	이사하다 イサハダ		美容師	미용사 ミヨンサ
ビーチ	해변 ヘビョン		必需品	필수품 ピルスプム		標識	표식 ピョシッ
ビール	맥주 メッチュ		ヒップホップ	히프홉 ヒプホプ		漂白剤	표백제 ピョベッジェ

昼の部 (マチネ)	낮 공연 ナッ コンヨン	フェリー	페리 ペリ	冬	겨울 キョウル
ヒロイン	히로인 ヒロイン	フォーク	포크 ポク	冬休み	겨울 방학 キョウル パンハッ
拾う	태우다 テウダ	部下	부하 プハ	フライト	플라이트 プルライトゥ
瓶	병 ピョン	付加価値税 (VAT)	부가가치세 プカカチセ	フライパン	프라이팬 プライペン
便	변 ピョン	服	옷 オッ	ブラウス	블라우스 プルラウス
敏感肌	민감성 피부 ミンガムソン ピブ	服装の きまり	정해진 복장 チョンヘジン ポッチャン	プラグ	플러그 プルログ
貧血	빈혈 ピニョル	腹痛	복통 ポットン	ブラジャー	브래지어 プレジオ
品質	품질 プムジル	含む	포함하다 ポハマダ	フラッシュ	플래시 プルレッシ
便箋	편지지 ピョンジジ	袋	봉지 ポンジ	フラッシュ 禁止	플래시사용 금지 プルレシ サヨングムジ
便名	편명 ピョンミョン	不合格	불합격 プルハプキョッ	プラット ホーム	플렛 폼 プルレッ ポム
	ふ	婦人科医	산부인과의사 サンプインクァウィサ	フランス	프랑스 プランス
ファスト フード	패스트 푸드 ペストゥ プドゥ	婦人用	숙녀용 スンニョヨン	フランス料理	프랑스 요리 プランス ヨリ
ファンデー ション	파운데이션 パウンデイション	舞台	무대 ムデ	ブランド	블라인드 プルラインドゥ
フィンランド	핀란드 ピンランドゥ	物価	물가 ムルカ	(パソコン が) フリー ズする	프리즈하다 プルリズハダ
風景画	풍경화 プンギョンファ	二日酔い	숙취 スッチュ	不良品	불량품 プルリャンプム
封書	봉서 ポンソ	フットサル	풋살 プッサル	プリンター	프린터 プリント
ブーツ	부츠 プチュ	船便	배편 ペピョン	プリントア ウトする	프린트아웃하다 プリントゥアウタダ
封筒	봉투 ポントゥ	船酔い	배멀미 ペモルミ	古い	오래되다 オレドゥウェダ
プール	수영장 スヨンジャン	船	배 ペ	ブルース	블루스 プルルス
フェイス ブック	페이스북 ペイスブッ	船に乗る	배를 타다 ペルル タダ	古本	고본 コボン

ブレーキ	브레이크 ブレイク	閉館時間	폐관시간 ペグァンシガン	部屋代	방값 パンガプ
風呂	목욕탕 モギョッタン	平均	평균 ピョングュン	部屋の鍵	방 열쇠 パン ヨルセ
ブロー	드라이 ドゥライ	閉鎖	폐쇄 ペセ	部屋番号	방 번호 パン ボノ
ブログ	블로그 ブルログ	平日	평일 ピョンイル	ベランダ	베란다 ベランダ
プログラマー	프로그래머 プログレモ	閉店	폐점 ペジョム	ヘリコプター	헬리콥터 ヘルリコプト
プログラム	프로그램 プログレム	平和	평화 ピョンファ	ベルト	벨트 ベルトゥ
ブロック (街区)	블록 ブルロッ	ベース	페이스 ペイス	ペン	펜 ペン
プロデューサー	프로듀서 プロデュソ	(楽器の) ベース	베이스 ベイス	勉強	공부 コンブ
プロレス	프로레슬링 プロレスルリン	別室	별실 ピョルシル	弁護士	변호사 ピョノサ
フロント	프론트 プロントゥ	別荘	별장 ピョルチャン	便座／便器	변기 ピョンキ
雰囲気	분위기 ブニキ	ベッド	침대 チムデ	弁償	변상 ピョンサン
文化	문화 ムナ	ヘッドフォン	헤드폰 ヘドゥポン	弁償する	변상하다 ピョンサンハダ
文学	문학 ムナッ	ペットボトル	페트 병 ペトゥ ビョン	ペンダント	펜던트 ペンドントゥ
紛失物	분실물 プンシルムル	別々に	따로따로 タロタロ	ベンチ	벤치 ベンチ
紛失報告書	분실보고서 プンシルボゴソ	別々に払う	따로따로 내다 タロタロ ネダ	弁当	도시락 トシラッ
噴水	분수 プンス	別料金	별도 요금 ピョルト ヨグム	扁桃腺炎	편도선염 ピョンドソニョム
文法	문법 ムンボプ	ベトナム	베트남 ベトゥナム	変な音	이상한 소리 イサンハン ソリ
文房具店	문방구 ムンバング	ヘビ	뱀 ベム	便秘	변비 ピョンビ
	へ	ベビーカー	유모차 ユモチャ	便秘薬	변비약 ピョンビヤッ
ヘアブラシ	빗 ビッ	部屋	방 パン	返品する	반품하다 パンプマダ

ほ		ボールペン	볼펜 ボルペン	ホテル リスト	호텔 리스트 ホテル リストゥ
保育園	보육원 ボユグォン	ボクシング	권투 クォントゥ	歩道	보도 ボド
棒	막대기 マッテギ	ポケット	포켓 ポケッ	哺乳瓶	우유병 ウユビョン
貿易	무역 ムヨッ	保険	보험 ボホム	骨	뼈 ピョ
方角	방향 パンヒャン	保険会社	보험회사 ボホムフェサ	ボランティア	자원 봉사 チャウォン ボンサ
法学	법학 ボパッ	歩行者横断注意	보행자횡단주의 ボヘンジャフェンダンチュイ	ポリエステル	폴리에스테르 ポルリエステル
帽子	모자 モジャ	ほこり	먼지 モンジ	ポロシャツ	폴로 셔츠 ポルロ ショツ
宝石	보석 ボソッ	星	별 ピョル	本	책 チェッ
宝石店	보석 가게 ボソッ カゲ	保証金(前金)	보증금(선금) ボジュングム ソングム	香港	홍콩 ホンコン
包装	포장 ボジャン	保証書	보증서 ボジュンソ	ほんの	불과 ブルグァ
包帯	붕대 ブンデ	ポスター	포스터 ボスト	本物	진짜 チンチャ
包丁	칼 カル	ポスト	우체통 ウチェトン	本屋	책방 チェッバン
暴動	폭동 ポットン	ボストンバッグ	보스톤 백 ボストン ベッ	翻訳	번역 ボニョッ
方法	방법 パンボプ	ボタン	버튼 ボトゥン	**ま**	
法律	법률 ボムニュル	墓地	묘지 ミョジ	マーマレード	마말 레이드 ママル レイドゥ
ポーター	포터 ボト	ホッチキス	호치키스 ホチキス	マイク	마이크 マイク
ボート	보트 ボトゥ	ホットケーキ	핫 케이크 ハッ ケイク	迷子	미아 ミア
ホームシック	홈식 ホムシッ	ホットドッグ	핫 도그 ハッ トグ	毎日	매일 メイル
ホームステイ	홈스테이 ホムステイ	ポップミュージック	대중 음악 テジュン ウマッ	前売券	예매권 イェメクォン
ホームページ	홈 페이지 ホム ペイジ	ホテル	호텔 ホッテル	前髪	앞 머리 アム モリ

マカオ	마카오 マカオ	マニキュア	매니큐어 メノキュオ	水着	수영복 スヨンボッ
曲がる	돌다 トルダ	マフラー	머플러 モプルロ	水を流す	물을 내리다 ムルル ネリダ
幕間	막간 マッカン	真夜中	한밤중 ハンバムジュン	店	가게 カゲ
枕	베개 ベゲ	マヨネーズ	마요네즈 マヨネジュ	味噌	된장 テンジャン
孫	손자 ソンジャ	マラソン	마라톤 マラトン	道	길 キル
まずい	맛없다 マドプタ	丸い	둥글다 トゥングルダ	道順	코스 コス
貧しい	가난하다 カナナダ	漫画	만화 マヌァ	道で	길에서 キレソ
マスタード	머스터드 モストドゥ	漫画家	만화가 マヌァガ	道に迷う	길을 잃다 キルル イルタ
混ぜ合わせた	섞은 ソクン	マンション	맨션 メンション	緑	초록 チョロッ
街／町	거리／동네 コリ／トンネ	満席	만석 マンソッ	港	항구 ハング
待合室	대합실 テハプシル	満足	만족 マンジョッ	南	남／남쪽 ナム／ナムチョッ
間違う	틀리다 トゥルリダ	真ん中	가운데 カウンデ	ミニバー	미니바 ミニバ
待つ	기다리다 キダリダ			ミネラルウォーター	생수 センス
マッサージ	맛사지 マッサジ	**み**		身分証明書	신분증명서 シンブンチュンミョンソ
マッチ	성냥 ソンニャン	右	오른쪽 オルンチョッ	脈拍	맥박 メクパッ
祭り	축제 チュッチェ	右へ曲がる	오른 쪽으로 돌다 オルンチョグロ トルダ	ミュージカル	뮤지컬 ミュージコル
窓	창문 チャンムン	岬	곶 コッ	見る	보다 ボダ
窓側の席	창문쪽 좌석 チャンムンチョッ チャソッ	短い	짧다 チャルタ	民芸品店	민예품 가게 ミネプム カゲ
マナー	매너 メノ	ミシン	미싱 ミシン	民族衣装	민족 의상 ミンジョッ イサン
(携帯電話の)マナーモード	매너 모드 メノ モドゥ	水	물 ムル	民族音楽	민족 음악 ミンジョッ ウマッ
		湖	호수 ホス		

む

迎えに行く	마중 나가다 マジュン ナガダ
昔	옛 イェッ
昔ながらの	옛부터 イェップト
昔話	지난 이야기 チナン イヤギ
無効	무효 ムヒョ
虫	벌레 ポルレ
無地	무지 ムジ
難しい	어렵다 オリョプタ
蒸し暑い	무덥다 ムドプダ
蒸した	찐 チン
息子	아들 アドゥル
娘	딸 タル
無制限	무제한 ムジェハン
無駄	낭비 ナンビ
無着色	무착색 ムチャッセッ
無添加	무첨가 ムチョムガ
村	마을 マウル
無理	무리 ムリ
無料	무료 ムリョ

め

明細	명세 ミョンセ
名所	명소 ミョンソ
メイド	메이드 メイドゥ
メール	메일 メイル
眼鏡	안경 アンギョン
眼鏡店	안경점 アンギョンジョム
目薬	안약 アニャッ
目覚まし時計	자명종 チャミョンジョン
目印	표지 ピョジ
珍しい	귀하다 クィハダ
目玉焼き	계란 후라이 ケラン フライ
メニュー	메뉴 メニュ
めまいがする	현기증이 나다 ヒョンギチュンイ ナダ
メモ	메모 メモ
綿	면 ミョン
麺	국수 クッス
免許証	면허증 ミョノジュン
免税	면세 ミョンセ
免税店	면세점 ミョンセジョム

も

免税品	면세품 ミョンセプム
面接	면접 ミョンジョブ
綿素材	면소재 ミョンソジェ
もう一度	한번더 ハンボント
申し込み	신청 シンチョン
盲腸炎	맹장염 メンジャンニョム
毛布	담요 タムニョ
モーニングコール	모닝콜 モニンコル
目的	목적 モッチョッ
目的地	목적지 モクチョッチ
文字	문자 ムンジャ
文字化け	글자 깨짐 クルチャ ケジム
もしもし	여보세요 ヨボセヨ
持ち帰り（テイクアウト）	테이크아웃 テイクアウッ
持ち込み禁止品	반입 금지품 パニプ クムジプム
持ち主	임자 イムジャ
もっと大きい	더 크다 トクダ
もっと小さい	더 작다 トチャッタ
もっと安い	더 싸다 トサダ

193

日本語	韓国語		日本語	韓国語		日本語	韓国語
もっと良い	더 좋다 トチョッタ		山	산 サン		有名な	유명한 ユミュンハン
戻ってくる	돌아오다 トラオダ		山側の	산쪽의 サンチョゲ		ユーモア	유머 ユモ
模様	모양 モヤン		**ゆ**			遊覧船	유람선 ユラムソン
森	숲 スプ		湯	뜨거운 물 トゥゴウン ムル		有料トイレ	유료 화장실 ユリョ ファジャンシル
門	문 ムン		有鉛	유연 ユヨン		有料道路	유료 도로 ユリョ ドロ
文句	트집 トゥジプ		遊園地	유원지 ユウォンジ		有料の	유료의 ユリョエ
や			夕方の便	저녁편 チョニョッピョン		床	마루 マル
焼いた	구운 クウン		有効	유효 ユヒョ		雪	눈 ヌン
夜間	야간 ヤガン		有効期間	유효기간 ユヒョギガン		輸血	수혈 スヒョル
焼く	굽다 クッタ		有効にする	유효로 하다 ユヒョロ ハダ		ゆでた	데친 テチン
役者	배우 ベウ		友情	우정 ウジョン		ゆで卵	삶은 계란 サルムン ケラン
約束	약속 ヤッソッ		夕食	저녁 チョニョク		輸入	수입 スイプ
夜景	야경 ヤキョン		友人	친구 チング		指輪	반지 バンジ
やけど	화상 ファサン		ユース ホステル	유스호스텔 ユスホステル		夢	꿈 クム
野菜	야채 ヤチェ		夕立	소나기 ソナギ		ゆるい	헐렁하다 ホルロンハダ
やさしい	상냥하다 サンニャンハダ		郵便	우편 ウピョン		**よ**	
安い	싸다 サダ		郵便局	우체국 ウチェグッ		酔う	취하다 チュハダ
安売り店	디스카운트 숍 ティスカウントゥ ショプ		郵便番号	우편번호 ウピョンボノ		用具	용구 ヨング
薬局	약국 ヤックク		郵便料金	우편요금 ウピョンヨグム		様子	모양 モヤン
屋根	지붕 チブン		有名	유명 ユミョン		曜日	요일 ヨイル

洋服タンス	옷장 オッチャン	予約席	예약석 イェヤッソッ	リハビリ	리호빌리 リホビルリ
洋服店（紳士）	양복점（신사） ヤンボッチョム シンサ	予約リスト	예약리 스트 イェヤッ リストゥ	リムジンバス	리무진 버스 リムジン バス
洋服店（婦人）	양장점（숙녀） ヤンジャンジョム スンニョ	夜	밤 バム	理由	이유 イユ
幼稚園	유치원 ユチウォン	**ら**		留学する	유학하다 ユハカダ
ヨーグルト	요구르트 ヨグルトゥ	来月	다음 달 ダウム タル	留学生	유학생 ユハッセン
ヨーロッパ	유럽 ユロプ	来週	다음 주 タウム チュ	両替	환전 ファンジョン
浴室	욕실 ヨッシル	ライター	라이터 ライト	両替所	환전소 ファンジョンソ
浴槽	욕조 ヨッチョ	ライトアップ	라이트 업 ライトゥ オブ	料金	요금 ヨグム
横	옆 ヨプ	来年	내년 ネニョン	料金表	요금표 ヨグムピョ
横になる	눕다 ヌプタ	ラケット	라켓 ラケッ	料金メーター	미터기 ミトギ
汚れ	더러움 トロウム	ラジオ	라디오 ラディオ	漁師	어부 オブ
予算	예산 イェサン	（音楽の）ラップ	랩 レプ	領収書	영수증 ヨンスジュン
予想	예상 イェサン	ラベル	라벨 ラベル	両親	부모 プモ
予定	예정 イェジョン	ランキング	랭킹 レンキン	料理	요리 ヨリ
夜中	한밤중 ハンバムチュン	ランプ	램프 レムプ	旅行	여행 ヨヘン
予備校	입시 학원 イプシ ハグォン	**り**		旅行会社	여행사 ヨヘンサ
呼び出しボタン	호출 버튼 ホチュル ボトゥン	離婚	이혼 イホン	離陸	이륙 イリュッ
予約	예약 イェヤッ	リスト	리스트 リストゥ	隣人	이웃 イウッ
予約確認票	예약확인표 イェヤッファギンピョ	理想	이상 イサン	リンス	린스 リンス
予約する	예약하다 イェヤカダ	リゾート	리조트 リゾトゥ		

195

	る	列車	열차 ヨルチャ	
ルーム サービス	룸 서비스 ルム ソビス	列車内で	열차안에서 ヨルチャアネソ		**わ**
ルーム サービス代	룸 서비스료 ルム ソビスリョウ	レベル	레벨 レベル	ワイシャツ	와이셔츠 ワイショチュ
ルーム メイト	룸 메이트 ルム メイトゥ	連休	연휴 ヨニュ	ワイン	와인 ワイン
ルーレット	룰 렛 ルルレッ	レンズ	렌즈 レンジュ	ワイン リスト	와인 리스트 ワイン リストゥ
留守	집을 비움 チブル ビウム	レンタカー	렌트카 レントカ	ワインを 一杯	와인을 한잔 ワイヌル ハンジャン
	れ	連泊する	연속해서 묵다 ヨンソケソ ムッタ	若い	젊다 チョムタ
冷蔵庫	냉장고 ネンジャンゴ	連絡先	연락처 ヨルラッチョ	輪ゴム	고무 밴드 コム ベンドゥ
冷凍食品	냉동 식품 レンドン シップム		**ろ**	ワッフル	와플 ワップル
冷房	냉방 ネンバン	廊下	복도 ポット	割り勘	더치페이 トチペイ
レイヤー	레이어 レイオ	老人	노인 ノイン	割り引き	할인 ハリン
レイルパス	철도패스 チョルトベス	ろうそく	초 チョ	割増料金	할증 요금 ハルチュン ヨグム
レーヨン	레이온 レイオン	ローマ字	로마자 ロマチャ	割れ物	깨지기 쉬운 물건 ケジギ スィウン ムルゴン
歴史	역사 ヨッサ	ロールパン	롤빵 ロルパン	ワンピース	원피스 ウォンピス
レギュラー	레귤러 レギュルロ	路線図	노선도 ノソンド		
レゲエ	레게 レゲ	ロッカー	로커 ロコ		
レコード店	레코드 가게 レコドゥ カゲ	ロック	로크 ロク		
レジ	레지스터 レジスト	ロビー	로비 ロビ		
レシート	영수증 ヨンスジュン	ロマンチッ クな	로맨틱 ロメンティッ		
レストラン	레스토랑 レストラン				

単語集（韓和）

한국어 ──→ Japanese

基本会話
グルメ
ショッピング
ビューティ
見どころ
エンタメ
ホテル
乗りもの
基本情報
単語集

ㄱ

가게 カゲ	店
가구 カグ	家具
가라데 カラテ	空手
가능 カヌン	可能
가볍다 カビョプタ	軽い
가짜 カチャ	偽物
가정 カジョン	家庭
가족 カジョッ	家族
감기 カムギ	風邪
강 カン	川
거리 コリ	通り
견본 キョンボン	見本
경찰 キョンチャル	警察
경치 キョンチ	景色
계란 ケラン	卵
계절 ケジョル	季節

고춧가루 コッチュッカル	唐辛子
공항 コンハン	空港
공항세 コンハンセ	空港税
과일 ファイル	果物
관객 クァンケク	観客
관광 クァングワン	観光
관광버스 クァングワンボス	観光バス
광고 クァンコ	広告
교통사고 キョトンサゴ	交通事故
교환증 キョファンチュン	引換証
교회 キョフェ	教会
구급차 クグプチャ	救急車
구두 クドゥ	靴
국 クッ	汁
국적 ククチョッ	国籍
국제면허증 ククチェミョーンホチュン	国際運転 免許証
귀엽다 クウィヨプタ	かわいい

귀중품 クウィジュンプム	貴重品
그림엽서 クリムヨプソ	絵はがき
극장 クチャン	劇場
금고 クムゴ	金庫
금연 クミョン	禁煙
기념일 キニョムイル	記念日
기온 キオン	気温
길 キル	道
길다 キルダ	長い
김 キム	のり
김치 キムチ	キムチ
껌 コム	ガム
깊다 キプタ	深い
가위 カウィ	はさみ
가이드 북 カイドゥ ブク	ガイドブック
간이침대 カニチムデ	エキストラ ベッド
감기약 カムギヤッ	風邪薬

값／가격 カプ／カギョッ	値段	넓다 ノルタ	広い	당근 タングン	ニンジン
개 ケ	犬	넥타이 ネッタイ	ネクタイ	당기다 タンギダ	引く
개관 시간 ケグァン シガン	開館時間	노선도 ノソンド	路線図	당일 タンイル	当日
게이트 번호 ゲイトゥ ボノ	ゲート番号	높다 ノプタ	高い	대통령 テットンニョン	大統領
경찰서 キョンチャルソ	警察署	높이 ノッピ	高さ	대합실 テハプシル	待合室
계산 ケサン	勘定	누르다 ヌルダ	押す	도난 トナン	盗難
계산대／카운터 ケサンデ／カウント	会計 カウンター	눈썹 ヌンソプ	眉毛	도둑 トドゥッ	泥棒
고양이 コヤンイ	猫	눈 ヌン	雪	도자기 トジャギ	陶磁器
공인환전상 コンインファンジョンサン	公認両替商	난방 ナンバン	暖房	도착 トチャッ	到着
관광 안내소 クァングァン アンネソ	観光 案内所	내선 ネソン	内線	돈 トン	金（かね）
구명 동의 クミョン ドンイ	救命胴衣	냉방 ネンバン	冷房	돼지고기 トゥエジゴギ	豚肉
국제선 クッチェソン	国際線	냉장고 ネンジャンゴ	冷蔵庫	두껍다 トゥッコプタ	厚い
금연석 クミョンソッ	禁煙席	뉴스 ニュス	ニュース	두부 トゥブ	豆腐
ㄴ				두통 トゥトン	頭痛
		ㄷ		드라이어 ドゥライオ	ドライヤー
나라 ナラ	国	다방 タバン	喫茶店	들어가다 トゥロガダ	入る
나이트 클럽 ナイトゥ クルロプ	ナイトクラ ブ	닫다 タッタ	閉める	등산 トゥンサン	登山
낚시 ナッシ	釣り	달리다 タルリダ	走る	디스코 ディスコ	ディスコ
날씨 ナルシ	天気	담배 タムベ	タバコ	디자인 ティジャイン	デザイン
내일 ネイル	明日	담요 タムニョ	毛布	디저트 ディジョトゥ	デザート
		땅 タン	土		

基本会話

グルメ

ショッピング

ビューティ

見どころ

エンタメ

ホテル

乗りもの

基本情報

単語集

따로따로 タロタロ	別々
딸 タル	娘
곧바로 コッパロ	まっすぐ
뜨거운 トゥゴウン	熱い
다리미 タリミ	アイロン
닭고기 タッコギ	鶏肉
대사관 テサグァン	大使館
도서관 トソグァン	図書館
동/동쪽 トン/トンチョッ	東
동전 トンジョン	硬貨
디지털 카메라 ディジトル カメラ	デジタルカメラ
뜨거운 물 トゥゴウン ムル	湯

ㄹ

라디오 ラディオ	ラジオ
라면 ラミョン	ラーメン
레스토랑 レストラン	レストラン
렌터카 レントカ	レンタカー
룸 서비스 ルム ソビス	ルームサービス
리무진 버스 リムジン バス	リムジンバス
린스 リンス	リンス

립스틱 リプスティッ	口紅

ㅁ

마늘 マヌル	ニンニク
마당 マダン	庭
마취 マチュィ	麻酔
막걸리 マッコルリ	マッコリ
막차 マッチャ	終電
만나다 マンナダ	会う
말 マル	ことば
말하다 マラダ	話す
맑다 マッタ	晴れている
맛없다 マドプタ	まずい
맛있다 マシッタ	おいしい
맡기다 マッキダ	任せる
매진 メジン	売り切れ
매표소 メピョソ	切符売り場
맥주 メッチュ	ビール
멀다 モルダ	遠い
메뉴 メニュ	メニュー
미시지 ミセジ	メッセージ

면 ミョン	コットン／綿
면도칼 ミョンドッカル	かみそり
면세 ミョンセ	免税
면세점 ミョンセジョム	免税店
면세품 ミョンセプム	免税品
명세서 ミョンセソ	明細書
명함 ミョンハム	名刺
모기 モギ	蚊
모레 モレ	明後日
모자 モジャ	帽子
목 モッ	首
목걸이 モッゴリ	ネックレス
목적 モッチョッ	目的
몸 モム	体
무겁다 ムゴプタ	重い
무료 ムリョ	無料
무용 ムヨン	舞踊
무 ム	大根
물 ムル	水
물가 ムルカ	物価

199

미성년 ミソンニョン	未成年	반찬 バンチャン	おかず	부엌 プオッ	台所
마마레이드 ママレイドゥ	マーマレード	반품하다 バンプマダ	返品する	북 プッ	北
마실 것 マシル コッ	飲み物	받다 バッタ	受け取る	분실 プンシル	紛失
마요네즈 マヨネジュ	マヨネーズ	밥 バプ	ごはん	불고기 プルゴギ	焼肉
마지막 열차 マジマッ ヨルチャ	最終列車	방값 バンカプ	部屋代	붕대 プンデ	包帯
맛사지 マッサジ	マッサージ	방번호 バンボノ	部屋番号	비 ビ	雨
매너큐어 メノキュオ	マニキュア	방향 バンヒャン	方角	비누 ビヌ	石けん
모닝콜 モニンコル	モーニングコール	배 ベ	船	비밀 ビミル	秘密
모피 モピ	毛皮	가방 カバン	かばん	비상구 ビサング	非常口
무착색 ムチャッセッ	無着色	백화점 ベクァジョム	デパート	비싸다 ビッサダ	高い(値段)
무첨가 ムチョムガ	無添加	버스 ボス	バス	빈혈 ビニョル	貧血
	ㅂ	베게 ベゲ	枕	빨강 バルガン	赤
바꾸다 バックダ	変える	변비 ビョンビ	便秘	빵집 バンチプ	パン屋
바겐 バゲン	バーゲン	보내다 ボネダ	送る	바 バー	バー
바람 バラム	風	보석 ボソッ	宝石	바스타월 バスタウォル	バスタオル
빠르다 バルダ	早い	보험 ボホム	保険	바이킹 バイキン	バイキング
바지 バジ	ズボン	복사 ボッサ	コピー	방 バン	部屋
밖 バッ	外	복통 ボットン	腹痛	버스 정류장 ボス チョンニュジャン	バス停
박물관 バンムルグァン	博物館	봉투 ボントゥ	封筒	변기 ビョンギ	便器
반지 バンジ	指輪	부드럽다 ブドゥロプタ	柔らかい	변비약 ビョンビヤッ	便秘薬

별도 요금 ビョルト ヨグム	別料金	서두르다 ソドゥルダ	急ぐ	수술 ススル	手術
병원 ビョンウォン	病院	서류 ソリュ	書類	수예품 スイェップム	手芸品
부가가치세 プカガチゼ	付加価値税 （VAT）	서울 ソウル	ソウル	수제의 スジェエ	手製の
비밀번호 ビミルボノ	暗証番号	서점 ソジョム	書店	수표 スピョ	小切手
人		성별 ソンビョル	性別	수화물 スファムル	手荷物
사고 サゴ	事故	세계 セゲ	世界	숟가락 スッカラッ	スプーン
사다 サダ	買う	세관 セグァン	税関	술 スル	酒
싸다 サダ	安い	세관신고서 セグァンシンゴソ	税関申告書	슈퍼마켓 シュポマケッ	スーパー マーケット
사용중 サヨンジュン	使用中	세금 セグム	税金	스카프 スカップ	スカーフ
사원 サウォン	寺	소금 ソグム	塩	쓰다 スダ	書く
사진 サジン	写真	소매치기 ソメチギ	スリ	시각표 シガッピョ	時刻表
사탕 サッタン	あめ	소주 ソジュ	焼酎	시끄럽다 シックロプタ	うるさい
산 サン	山	소포 ソッポ	小包	시내 シネ	市街
쌀 サル	米	속달 ソッタル	速達	시내지도 シネチド	市街地図
새 セ	鳥	손 ソン	手	시내통화 シネトンファ	市内通話
새다 セダ	漏れる	손가락 ソンカラッ	指	시계 シゲ	時計
새롭다 セロプタ	新しい	손님 ソンニム	客	시다 シダ	すっぱい
새우 セウ	エビ	손수건 ソンスゴン	ハンカチ	첫전차 チョッチョンチャ	始発電車
색 セッ	色	쇠고기 セゴギ	牛肉	시장 シジャン	市場
생일 センイル	誕生日	쇼핑 ショピン	買い物	식사 シッサ	食事

식욕 シギョッ	食欲	세트메뉴 セットゥメニュ	セット メニュー	안전벨트 アンジョンベルトゥ	シート ベルト
식료품가게 シンニョプムカゲ	食料品店	셀프서비스 セルプ ソビス	セルフ サービス	알레르기 アルレルギ	アレルギー
신고 シンゴ	申告	소다수 ソダス	炭酸水	액체 エッチェ	液体
신문 シンムン	新聞	수수료 ススリョ	手数料	야간 ヤガン	夜間
쓰레기통 スレギトン	ごみ箱	수족관 スジョックァン	水族館	야구 ヤグ	野球
씻다 シッタ	洗う	숙박료 スッパンニョ	宿泊料	약 ヤッ	薬
사고증명서 サゴジュンミョンソ	事故証明書	식당 シッタン	食堂	약국 ヤックク	薬局
사이클링 サイクルリン	サイクリング	식초 シッチョ	酢	양고기 ヤンゴギ	羊肉
사이즈 サイジュ	サイズ	○		양말 ヤンマル	靴下
삼베 サムベ	麻	아내 アネ	妻	양복점 ヤンボッジョム	洋服店
생수 センス	ミネラル ウォーター	아니다 アニダ	違う	양식 ヤンシッ	洋式
샤워 シャウォ	シャワー	아들 アドゥル	息子	얕다 ヤッタ	浅い
샴프 シャムプ	シャンプー	아저씨 アジョッシ	叔父／ 伯父	어깨 オッケ	肩
서／서쪽 ソ／ソチョッ	西	아주머니 アジュモニ	叔母／ 伯母	어둡다 オドゥプタ	暗い
서비스료 ソビスリョ	サービス料	아침 アッチム	朝	어렵다 オリョプタ	難しい
설명서 ソルミョンソ	説明書	아침식사 アチムシッサ	朝食	어제 オジェ	昨日
설탕 ソルタン	砂糖	아파트 アパトゥ	アパート	얼룩 オルルッ	シミ
세이프티 박스 セイプティ バックス	セーフティ・ ボックス	아프다 アップダ	痛む	에어컨 エオッコン	エアコン
세정 버튼 セジョン ボトゥン	洗浄ボタン	안내소 アンネソ	案内所	엑스레이 エクスレイ	レントゲン
세트 セットゥ	セット	안전 アンジョン	安全	액셀 エッセル	エクセル

基本会話
グルメ
ショッピング
ビューティ
見どころ
エンタメ
ホテル
乗りもの
基本情報
単語集

여권 ヨクォン	パスポート	예의 イェウィ	礼儀	유명한 ユミュンハン	有名な
여행자수표 ヨヘンジャスピョ	トラベラーズチェック	예정 イェジョン	予定	은 ウン	銀
역 ヨッ	駅	옛 イェッ	昔	은행 ウネン	銀行
연기하다 ヨンキハダ	延期する	오늘 オヌル	今日	의사 ウィサ	医者
연락처 ヨルラッチョ	連絡先	오른쪽 オルンチョッ	右	이름 イルム	名前
열 ヨル	熱	오래되다 オレドゥウェダ	古い	인스턴트 インストントゥ	インスタント
열다 ヨルダ	開ける	왕복표 ワンボッピョ	往復切符	일기예보 イルギイェボ	天気予報
열차 ヨルチャ	列車	요금 ヨグム	料金	일본대사관 イルボンテサグァン	日本大使館
얇다 ヤルタ	薄い(厚さ)	요금표 ヨグムピョ	料金表	입구 イプク	入り口
엽서 ヨプソ	はがき	요리 ヨリ	料理	입국카드 イプクッカドゥ	入国カード
영수증 ヨンスジュン	領収書	우체국 ウチェグッ	郵便局	입국관리 イックックァルリ	入国管理
영어 ヨンオ	英語	우편 ウッピョン	郵便	입장료 イプチャンニョ	入場料
영업중 ヨンオプチュン	営業中	우롱차 ウロンチャ	ウーロン茶	아래 アレ	下
영화 ヨンファ	映画	운임 ウニム	運賃	아스피린 アスピリン	アスピリン
예금 イェグム	預金	운전사 ウンジョンサ	運転手	안약 アニャッ	目薬
예보 イェボ	予報	원피스 ウォンピス	ワンピース	얼음 オルム	氷
예상 イェサン	予想	위험 ウィホム	危険	영업시간 ヨンオプシガン	営業時間
예약 イェヤッ	予約	유람선 ユラムソン	遊覧船	와인 리스트 ワイン リストゥ	ワインリスト
예약번호 イェヤッポンホ	予約番号	유람비행 ユラムビヘン	遊覧飛行	왼쪽 ウェンチョッ	左
예약하다 イェヤカダ	予約する	유료의 ユリョエ	有料の	우체통 ウチェトン	ポスト

203

우편요금 우ョンョグ	郵便料金	전람회 チョルラメ	展覧会	주차금지 チュチャクムジ	駐車禁止
우표 ウピョ	切手	전보 チョンボ	電報	주차장 チュチャジャン	駐車場
위 ウィ	上	전화 チョナ	電話	지갑 チガプ	財布
유효기간 ユヒョキガン	有効期間	전화걸다 チャナコルダ	電話を かける	지도 チド	地図
24시간 영업 イシプサシガン ヨンオプ	24時間営業	절 チョル	寺	지붕 チブン	屋根
인터넷 イントネッ	インター ネット	젓갈 チョッカル	塩辛	지하철 チハチョル	地下鉄
입국심사 イブクッシムサ	入国審査	젓가락 チョッカラッ	箸	직업 チゴプ	職業
ㅈ		정리하다 チョンリハダ	整理する	짧다 チャルタ	短い
자동판매기 チャドンパンメギ	自動販売機	정전 チョンジョン	停電	자유석 チャユソッ	自由席
자리 チャリ	席	정찰가격 チョンチャルカキョッ	正札価格	장거리 버스 정류장 チャンゴリ ボス チョンニュジャン	停留所(長 距離バスの)
자명종 チャミョンジョン	目覚まし 時計	조미료 チョミリョ	調味料	전화 번호 チョナ ボノ	電話番号
자유시간 チャユシガン	自由時間	조사하다 チョサハダ	調査する	전화 요금 チョナ ヨグム	電話料金
자전거 チャジョンゴ	自転車	조심 チョシム	注意	정각 チョンガッ	定刻
잔돈 チャントン	おつり	종이봉지 チョンイボンジ	紙袋	지정석／예약석 チジョンソッ／イェヤクソッ	指定席／ 予約席
장거리버스 チャンゴリボス	長距離バス	종이컵 チョンイコプ	紙コップ	지하철 역 チハチョル リョク	地下鉄駅
장거리전화 チャンゴリチョナ	長距離電話	좌석번호 チャソッポノ	座席番号	진통제 チントンジェ	鎮痛剤
재발행 チェバレン	再発行	주문하다 チュムナダ	注文する	**ㅊ**	
재떨이 チェットリ	灰皿	주사 チュサ	注射	차액 チャエッ	差額
재확인하다 チェファギナダ	再確認する	주소 チュソ	住所／宛先	창가의 チャンガエ	窓側の
저녁 チョニョッ	夕食	주유소 チュユソ	ガソリン スタンド	찾다 チャッタ	探す

204

책 チェッ	本	칩 チプ	チップ	칵테일 カッテイル	カクテル
처방전 チョバンジョン	処方せん	천식 チョンシッ	ぜんそく	컨시어지 コンシオジ	コンシェルジュ
천천히 チョンチョニ	ゆっくりと	첫열차 チョッヨルチャ	始発列車	컴퓨터 コンピュト	パソコン
철도 チョルト	鉄道	청구서 チョングソ	請求書	콜렉트콜 コルレクトゥコル	コレクトコール
체온 チェオン	体温	청소중 チョンソジュン	掃除中	쿠폰 クポン	クーポン
체온계 チェオンゲ	体温計	체크인 チェックイン	チェックイン	크레디트 카드 クレディトゥ カドゥ	クレジットカード
체크아웃 チェックアウッ	チェックアウト	촬영금지 チャリョンクムジ	撮影禁止	클리닝／세탁소 クルリニン／セタッソ	クリーニング
초대 チョデ	招待	최저요금 チェジョヨグム	最低料金	**ㅌ**	
추억 チュオッ	思い出	추가요금 チュガヨグム	追加料金	타다 タダ	乗る
축제 チュッチェ	祭り	출발시간 チュルバルシガン	出発時間	탑승 게이트 タプスン ゲイトゥ	搭乗ゲート
출구 チュルグ	出口	출발로비 チュルバルロビ	出発ロビー	탑승권 タプスンクォン	搭乗券
출발 チュルバル	出発	취급주의 チュイグプチュイ	取り扱い注意	택시 テッシ	タクシー
출발일 チュルバルイル	出発日	침대 チムデ	ベッド	택시승차장 テッシスンチャジャン	タクシー乗り場
출입국관리 チュリプクックァルリ	出入国管理	칫솔 チッソル	歯ブラシ	택시요금 テッシヨグム	タクシー料金
출국카드 チュルクッカドゥ	出国カード	**ㅋ**		테니스 テニス	テニス
춥다 チュプタ	寒い	카메라 カメラ	カメラ	텔레비전 テルレビジョン	テレビ
취미 チュイミ	趣味	카지노 カジノ	カジノ	토하다 トハダ	吐く
취소하다 チュソハダ	取り消す	커피 コピ	コーヒー	통역하다 トンヨッカダ	通訳する
치료 チリョ	治療	커페 カペ	カフェ	통화중 トンファジュン	通話中
치수／사이즈 チスウ／サイジュ	サイズ	케찹 ケッチャプ	ケチャップ	특급 トゥックプ	特急

基本会話

グルメ

ショッピング

ビューティ

見どころ

エンタメ

ホテル

乗りもの

基本情報

単語集

트윈룸 トゥウィンルム	ツインルーム	편도 ピョンド	片道	표지 ピョジ	表紙
특별한 トゥッピョラン	特別な	편안하다 ピョナナダ	心地いい	표류 ピョリュ	漂流
특산물 トゥッサンムル	特産品	편찮다 ピョンチャンタ	（体の）調 子が悪い	표준말 ピョジュンマル	標準語
통증 トンチュン	痛み	편지 ピョンジ	手紙	표자동판매기 ピョチャドンパンメギ	切符自動 販売機
타월 タウォル	タオル	폐점 ペジョム	閉店	풍경화 プンギョンファ	風景画
탄산이 들어있지 않는 물 タンサニ　トゥロイッチ アンヌン　ムル	炭酸なしの 水	포장 ポジャン	包装	프런트 プロントゥ	フロント
탑승 タプスン	搭乗	표 ピョ	表	플래시사용금지 プルレシ　サヨングムジ	フラッシュ 禁止
탑승시간 タプスンシガン	搭乗時間	프로그램 プログレム	プログラム	피 ピ	血
통행을 막음 トンヘンウル　マグム	通行止め	프로야구 プロヤグ	プロ野球	피곤 ピゴン	疲労
투어요금 トゥオヨグム	ツアー料金	필름 ピルルム	フィルム	피부 ピブ	皮膚
티켓 ティケッ	チケット	피곤하다 ピゴナダ	疲れる	피서 ピソ	避暑
		파랗다 パラッタ	青い		

파마 パマ	パーマ	패스포트(여권) ペスポトゥ　ヨクォン	パスポート （旅券）
파출소 パチュルソ	派出所	편 ピョン	便
파랑 パラン	青	편명 ピョンミョン	便名
팔자 パルチャ	運命	편의점 ピョニジョム	コンビニ
팔꿈치 パルクムチ	ひじ	평상복 ピョンサンボッ	普段着
팜플렛 パムプルレッ	パンフレット	평지 ピョンジ	平地
팩시밀리 ペッシミルリ	ファクシミリ	폐관 시간 ペグァン　シガン	閉館時間
		표 ピョ	切符

하루 ハル	1日
하루종일 ハルジョンイル	一日中
학교 ハッキョ	学校
학생 ハッセン	学生
한국 ハングッ	韓国
한국사람 ハンクッサラム	韓国人
한국어 ハンコゴ	韓国語
항구 ハング	港

항생제 ハンセンジェ	抗生剤	합계 ハプケ	合計	휴지통 ヒュジトン	ごみ箱
현금 ヒョングム	現金	항공권 ハンゴンクォン	航空券	흡연석 フビョンソッ	喫煙席
현상 ヒョンサン	現像	해녀 ヘニョ	海女	희다／하얗다 ヒダ／ハヤッタ	白い
현지시간 ヒョンジシガン	現地時間	해열제 ヘヨルチェ	解熱剤	횡단보도 フェンダンボド	横断歩道
혈압 ヒョラプ	血圧	행방 ヘンバン	行方	흙탕물 フッタンムル	泥水
혈액형 ヒョレキョン	血液型	행선지 ヘンソンジ	行き先		
호텔 ホッテル	ホテル	헤아리다 ヘアリダ	数える		
홍차 ホンチャ	紅茶	현금 ヒョングム	現金		
화장실 ファジャンシル	トイレ	현미 ヒョンミ	玄米		
환율 ファニュル	為替レート	형 ヒョン	兄		
환전소 ファンジョンソ	両替所	형제 ヒョンジェ	兄弟		
회계 フェゲ	会計	호기심 ホギシム	好奇心		
회사 フェサ	会社	홍수 ホンス	洪水		
회수권 フェスクォン	回数券	화분 ファブン	花粉		
효과 ヒョクァ	効果	화산 ファサン	火山		
후불 フブル	後払い	화살표 ファサルピョ	矢印		
후추 フチュ	コショウ	화상 ファサン	やけど		
한국요리 ハングンニョリ	韓国料理	휠체어 フィルチェオ	車椅子		
한약 ハニャッ	漢方薬	휴게실 ヒュゲシル	休憩室		
할인 ハリン	割り引き	휴대폰 ヒュデポン	携帯電話		

基本会話

グルメ

ショッピング

ビューティ

見どころ

エンタメ

ホテル

乗りもの

基本情報

単語集

ことりっぷ co-Trip 会話帖

韓国語

STAFF
●編集
ことりっぷ編集部
カルチャー・プロ
星野佐奈絵
●執筆
ことりっぷ編集部
カルチャー・プロ
●写真
ことりっぷ編集部
●表紙
GRiD
●フォーマットデザイン
GRiD
●キャラクターイラスト
スズキトモコ
●本文イラスト
ずんだちるこ
●DTP制作
明昌堂
●地図制作協力
田川企画
●校正
山下さをり
アークコミュニケーションズ

2024年1月1日 2版1刷発行

発行人　川村哲也
発行所　昭文社

本社:〒102-8238東京都千代田区麹町3-1

♪0570-002060（ナビダイヤル）
IP電話などをご利用の場合は♪03-3556-8132
※平日9:00～17:00（年末年始、弊社休業日を除く）
ホームページhttps://www.mapple.co.jp/

※本書で掲載された内容により生じたトラブルや損害等については、弊社では補償いたしかねますので、あらかじめご了承のうえご利用ください。
※乱丁・落丁本はお取替えいたします。